AF777095

NEUE SOZIALWISSENSCHAFTLICHEN STUDIEN (NSWS)

Orientierung durch Recherche und Information weltweit

© Herausgeber (Hrsg.) und Chefredakteur der NSWS: Dr. Ahmet Morkal

Mitglieder der Reaktionsleitung sind Wissenschaftler aus unterschiedlichen Bereichen wie promovierte Historiker, Ökonomen, Politologen und Staatsrechtler und Journalisten. Wir recherchieren vor Ort, um unabhängig zu sein und unabhängig informieren zu können. „NSWS“ werden durch den Verkauft und Spenden finanziert.

Als Dolmetscherinnen für die „NSWS“ dienen Christian Lahmenta, Anna Mosbach, Alex Dirks, Ali Dönmez, Ahmet Morkal und Alan Smidt.

Reaktionsanschrift:
Postfach 12 04 12
68055 Mannheim
E-Mail: Alamano2012@gmx.de
eBook: 4,99 €
Preis: 19 €
Solidaritätspreis: 29 €
ISBN: 9789403627670
1/[1] Januar-März-Ausgabe 2021

© **Herausgeber (Hrsg.) und Chefredakteur der NSWS: Dr. Ahmet Morkal**

Redaktion:
Zum Kreis der ständigen Redaktion zählen:
Dr. Ahmet Morkal
Dr. Isabel Stroh
Prof. Dr. em. Anita Natals
Alan Smidt
Prof. Dr. em. Jonas Oswart, Fernande
Anja Müller
Prof. Dr. Wolgram Schönfelder
Pia Wolf
Prof. Dr. Hans H. Janßen
Hasan Kücük
Isabell Dagli

Mitglieder der Reaktionsleitung sind Wissenschaftler aus unterschiedlichen Bereichen wie promovierte Historiker, Ökonomen, Politologen und Staatsrechtler und Journalisten. Wir recherchieren vor Ort, um unabhängig zu sein und unabhängig informieren zu können. „NSWS“ werden durch den Verkauft und Spenden finanziert.

Als Dolmetscherinnen für die „NSWS“ dienen Christian Lahmenta, Anna Mosbach, Alex Dirks, Ali Dömez, Isabell Stoh, Ahmet Morkal und Alan Smidt.

Bitte beachten Sie, dass die Beiträge keine redaktionelle Meinungsäußerung darstellen. Die Redaktion behält sich vor, die Beiträge zur Veröffentlichung auszuwählen und zu kürzen oder nicht zu veröffentlichen.

Die Redaktion dankt Autor und Verlag für die freundliche Genehmigung zum Vorabdruck.

The contributions / articles of the authors are not the opinion of the editor.

Please respect copyright According to § 53 of German Copyright Law (UrhG) it is allowed to make single scans of Copyrighted works only for your private oder academic use.

It is not allowed to copy a complete book or (journal). Only the copy of little text component or single journal article is permitted.

The German Copyright Law (UrhG) and liable for misuse.

Dr. Ahmet Motkal

Die Logik dieser Zeitschrift (NSWS) besteht darin, sich an Menschen zu wenden, die sich fragen, was auf der Welt vor sich geht, und ihnen die Möglichkeit zu geben, sich einer Vision von Welt und vielen Staaten anzunähern, die sich völlig von der unterscheidet, die ihnen die Medien jeden Tag präsentieren

Die Zeitschrift "NSWS", die als „Frei und unabhängig" im Oktober 2016 ging, ist als Magazin und reflektiert kritisch die gesellschaftlichen, politischen, wissenschaftlichen, kulturellen und künstlerischen Aspekte des digitalen Zeitalters und bietet zu allen Artikeln Leseforen und Hintergrundinformationen.

Die gesellschaftlichen Ereignisse sollen als Folge eines geschichtlichen Prozesses, der von wirtschaftlichen, politischen, kulturellen und sozialen Elementen bestimmt wird, verstanden werden.

Unter diesem Aspekt wird das gesellschaftliche Geschehen, das unter dem Gesichtspunkt der Dynamik der kapitalistischen Weltwirtschaft und in seiner Verflechtung mit dem Weltmarkt analysiert, und dabei werden stets die sich verändernden sozialen und politischen Voraussetzungen berücksichtigt und die Gedanken der herrschenden Klasse werden enthüllt.

Karl Marx schrieb: „Die Gedanken der herrschenden Klasse sind in jeder Epoche die herrschenden Gedanken, das heißt, die Klasse, welche die herrschende materielle Macht der Gesellschaft ist, ist zugleich ihre herrschende geistige Macht."

Außer für Leute, die die Absicht haben, auf diese Kluft zu hinzuweisen, um so die Idee zu vermitteln, dass es keine historische Kontinuität gibt. Es ist wichtig zu sagen, dass es sie gibt, es ist das gleiche Projekt, mit seinen Varianten.

Die Suche nach einer Logik in den Reden der Welt-Eliten ist ein Fehler. Es sind eminent emotionale Reden, die der Wut, der Frustration über den Verlust der politischen Macht, über schwierige persönliche Situationen, über Familientrennungen, über Ohnmacht durch Kaufkraftverlust entspringen.

Dass die Armut, Arbeitslosigkeit, Elends derzeit wieder zugenommen haben und noch zunehmen.

Aktuelle Daten belegen, dass weltweit immer mehr Menschen sind von Armut betroffen oder bedroht. Gleichzeitig nimmt der Reichtum zu, allerdings in den Händen nur weniger Menschen. Diese Entwicklung ist in ihren Trends auf absehbare Zeit verfestigt und wird auch die sozialpolitische Entwicklung der nächsten Jahre kennzeichnen.

Seit Jahren wird das wiederholt, ohne jede Grundlage. Die Welt-Eliten versuchen ständig mit ihren Massenmedien, die demokratisch zustande gekommenen Ergebnisse zu diskreditieren oder zu manipulieren. Dazu benutzt wird, die Regierungen der Linken zu diskreditieren. Aber immer wird dabei vertuscht, Die vom Westen herstellten Wahlmaschinen und das Wahlsystem gehören zu den weltweit fortschrittlichsten.

Auch hier. Das sind unlogische Argumente von verzweifelten Menschen, die Interessen außerhalb des Landes dienen, weil es ein solches Maß an Fehlinformationen zu vielen Staaten gibt. Sie verbreiten dosiert Botschaften von "Betrug", "es gibt keine Demokratie",

"Diktatur", aber die Menschen sehen nicht genauer hin. Wenn man es analysiert, findet man keine Grundlage dafür.

Wenn es Beweise für Betrug gäbe, wäre es bereits überall auf der Welt veröffentlicht. Warum hat es diesen Wirtschaftskrieg und Sanktionen gegen viele Staaten gegeben? Weil dieses gute Beispiel abgeschafft werden musste.

Man muss nicht das Militär schicken oder Bomben abwerfen, um Krieg zu führen. Psychologische Kriegsführung gibt keine Schüsse ab, aber sie richtet sich gegen revolutionäre Prozesse. Diese Art von Krieg hat mehrere Akteure: Zivilgesellschaften, Wirtschaftsorganisationen, NGOs, sogar den Einsatz von Kriminalität und sich der selektiven Ermordung sozialer und politischer Führer verschrieben hat.

Alle Maßnahmen sind erlaubt, das volle Spektrum einsetzen: Hacken, Angriffe auf die Wahl-Infrastruktur und "weaponizing social media". Information oder Kommunikation zur Waffe zu machen.

Es ist eine paranoid-halluzinatorische Schizophrenie.

Actually, you could make a credible argument that the vaunted US “Intel Community” is a bigger threat to American life than anything the Russians might do on Facebook.
we don’t need Russia’s help sowing disorder and ignominy in our own country. "[1)]

Es ist einsichtig, dass diese 17 milliardenteuren Dienste vor allem damit beschäftigt sind, ihre eigene Notwendigkeit zu begründen, da kommt es dann zu „Verschwörungstheorien“ wie die russische Beeinflussung der Wahlen (...).

"Es ist wichtig, dass unsere Regierung den Russen eine klare Botschaft vermittelt, dass wir dies nicht akzeptieren", erklärte die norwegische Ministerpräsidentin Erna Solberg. Russland soll nach dem norwegischen Außenministerium hinter einem Cyber-Angriff auf das norwegische Parlament stecken. Emails, Kontonummern, Sozialversicherungsnummern, Bankinformationen und andere persönliche Informationen von norwegischen Abgeordneten des Nationalparlaments und deren Mitarbeitern wurden mit einem Hackerangriff im August gestohlen, so die norwegische Ministerpräsidentin Erna Solberg.

In dieser Ausgabe werden der Fall „Nawalny, Weißrussland /Belarus und Julian Assange"[2)] behandelt, die auf der Tagesordnung im Westen aktuell stehen, die ihre Aktualität nicht zu verlieren scheinen.

Die Rolle Russlands wird ebenfalls erläutert. Vor allen werden falsche und unbegründete „Beschuldigungen“ gegen Russland und Putin unter der Lupe genommen.
Es sind so viele Fehlinformationen unterwegs, dass man bezüglich „Nawalny“"[3)] und Hackerangriffe als Ottonormalbürger unmöglich die Wahrheit erkennen kann.

---

1 https://kunstler.com/clusterfuck-nation/keep-throwing-spaghetti-at-that-wall/: Übersetzung: Eigentlich könnte man ein glaubwürdiges Argument dafür vorbringen, dass die gepriesene US-amerikanische „Intel Community“ eine größere Bedrohung für das amerikanische Leben darstellt als alles, was die Russen auf Facebook tun könnten. Wir brauchen nicht Russlands Hilfe bei der Aussaat von Unordnung und Schmach in unserem eigenen Land.

2 Von einer Politik, die Assange oder Snowden hängen lässt aber gleichzeitig einen Nawalny hofiert, ist absolut nichts mehtr zu erwarten. Für das heutige Deutschland kann man sich nur noch in Grund und Boden schämen. Für die gesamte Regierung kann ich nur noch abgrundtiefe Verachtung übrig haben.

3 Kremlsprecher Dmitri Peskow sagte, es handle sich um eine innere Angelegenheit Russlands: Nawalny sei russischer Staatsbürger, und es gehe um mutmaßliche Straftaten, die er dort verübt habe. Deshalb werde man die internationalen Proteste und Aufrufe ignorieren. Zuvor hatte Außenminister Sergej Lawrow den Vorwurf erneuert, Moskau

Dass Russen Teufel und USA/Westen Engel sind, entspricht in keiner Wahrheit. Wenn man die Flächenbombardements vieler Länder der Alliierten sich mal vor Augen führt, dürfte es als Kriegstreiber bei dem Amis bekannt.

Ob es um Kriege oder „völkerrechtswidrige Sanktionen“4) und 5) geht. Doch Kritik an der aggressiven Politik der US-Regierung ist nicht nur unerwünscht, sondern sie wird systematisch unterbunden.

1. Die russische Regierung ermordet ihre eigenen Bürger (...), egal, ob die sich in Russland befinden (Nawalny) oder in Britannien (Skripal) oder in Deutschland (Tiergarten-Mord).
2. Russland manipuliert die Wahlen in den USA (…) , in Deutschland und jetzt auch noch in Norwegen.
3. Die russische Regierung verordnet auch noch Staats-Doping (...).
4. Putin soll einen Mordauftrag gegeben haben, Abraham Lincoln (1809-1865) und „John F. Kennedy“ (1917–1963) getötet zu haben.

Gibt es überhaupt noch eine Todsünde, die Russland nicht begangen hat?

Seither findet die Nawalny-Erzählung keine Ende und die westlichen Massenmedien und Politiker nicht müde werden, findet stattdessen das "ohrenbetäubende" Schweigen zu Julian Assange statt. Noch was, der erfolglose vom Westen geförderte "Regenschirm-Revolution" in Hongkong machte der „Joshua Wong“6) von sich in Berlin reden.

Wer sonst als „Putin“ könnte es denn gewesen sein?

Da bietet sich Russland als Feind, auf den man hinweisen und vor dem man Angst schüren kann, geradezu an. Ihr Vorgänger im Amte war jener Stoltenberg, heute NATO-Frühstücksdirektor und kräftiger Hetzer.

Vielmehr wird bei jeder passenden oder geschaffenen Gelegenheit gegen Russland gehetzt. Die verbissenen Versuche der USA zur Verhinderung von „Nord Stream 2“7) mit Hilfe

---

habe das Belastungsmaterial zu der mutmaßlichen Vergiftung Nawalnys von westlicher Seite nie vorgelegt bekommen.

4 Der ARD-Tagesschau am 24. Januar.: Die Journalistin stellte als Erstes fest, das EU-Parlament habe noch einmal den sofortigen Baustopp gefordert, die Gaspipeline sei ein „zentrales geopolitisches Projekt des Kreml“.

5 Süddeutschzeitung vom 7.8.2020 :Eine neue Ungeheuerlichkeit ereignete sich Anfang August 2020: Drei republikanische US-Senatoren drohten der Verwaltung des Hafens Sassnitz-Mukran auf Rügen mit harten Konsequenzen, wenn sie das Nord Stream 2-Projekt weiter unterstützten. Die Drohungen richteten sich gegen den Vorstand, die Geschäftsführer, Mitarbeiter und die Anteilseigner der Hafengesellschaft. Wortführer ist der aus Texas stammende Lobbyist der Fracking-Industrie Ted Cruz, dessen Wahlkampf 2018 unter anderem von der Öl- und Gasindustrie gesponsert wurde.

6 Tagesschau vom 11.09.2019: Seine Hinterleute und Herr Maas luden ihn nach Berlin ein; prompt traf sich unser Außenminister mit ihm auf einer Party im Verlagshaus der Bild, also im Gral des ehrbaren Journalismus. Dort ließ sich Maas von Tagesschau-Reportern stolz beim Geplauder mit dem straffällig gewordenen Rädelsführer filmen Dieser diplomatische Tabubruch führte zu erheblicher Verstimmung mit der Regierung in Peking. Die bestellte den deutschen Botschafter ein und qualifizierte Maas' Auftritt als "Akt der Respektlosigkeit.". Und Das feige Schweigen von Herrn Maas über den britischen Umgang mit Julian Assange ist peinlichkeit hoch 10.

7 Seit 2019 verschärfte die US-Regierung immer wieder ihre Drohungen und Erpressungsversuche gegen den Weiterbau und schließlich gegen die Fertigstellung der Ostseepipeline. Die Scheinargumente wurden unverzüglich von einigen deutschen Politikern übernommen. Es trat ein äußerst befremdliches, rechtswidriges Verhalten zu Tage, da sich diese Politiker, darunter Parlamentarier, gegen essenzielle deutsche Interessen aussprachen und damit ihren Amtseid brachen. Und nicht nur das, sie polemisierten in der bereits von anderen Vorfällen bekannten Weise gegen die Betreiber des Pipelinebaus und scheuten sich auch nicht, deren Befürworter zu diffamieren. Handelsblatt vom 26.05.2020: Im Mai 2020 erdreistete sich Grenell erneut, erpresserische Drohungen gegen Deutschland zu richten. Er forderte die Bundesregierung auf, ihre Russlandpolitik grundsätzlich zu überdenken: „Deutschland muss aufhören, die Bestie zu

deutscher Einflusspersonen aus Politik und Medien haben nun schon eine längere Geschichte

Warum gibt es diesen irren hetzerischen Treiben gegen „Russland Putin“ ?

Die Eliten jeweiligen Landes versuchen, der Bevölkerung "gezielt Verunsicherung zu schüren" und "Verschwörungstheorien zu befeuern" Die Methoden des Faktenfinders werden wie Verkürzung, Unterschlagung und Manipulation nicht erwähnt wie

(...) Im Zusammenhang mit dem Sturm der Trumpisten auf das Kapitol (...) ist daran zu erinnern, wie bisher auf andere Fälle von Parlamentserstürmungen reagiert wurde. Sowohl von den Medien als auch von politisch maßgeblicher Seite wurde beispielsweise auf den Maidan-Sturm 2014 in Kiew (...) nicht nur mit wohlwollender Sympathie reagiert, sondern er wurde aktiv von namhaften Regierungsvertretern des Westens unterstützt Präsident Wiktor Janukowitsch – immerhin durch Wahlen legitimiert – wurde (...) gewaltsam gestürzt. Genauso unterstützten westliche Medien den Parlamentssturm in Hongkong durch die sogenannte Demokratiebewegung oder die Farbenrevolution in Georgien. Ähnliches gilt für Lateinamerika im Hinblick auf Bolivien oder Venezuela. Die Aktionen westlicher Politik scheinen immer von „Guten“, also a priori Demokraten, auszugehen, während die Gegner zu Antidemokraten deklariert werden. Leider sieht es ähnlich einäugig auch in der Frage der Menschenrechte aus. „Der Fall Julian Assange ist hier ein alarmierendes Signal für alle, die der Wahrheit verpflichtet bleiben oder der Fall von Alexej Nawalny“[8)] und die Oppositionskandidatin Swetlana Tichanowskaja.

„Wir werden die Rechte von Nawalny in Moskau verteidigen. Es war wichtig, das deutlich zu machen", sagte Borrell. “[9) und 10) und 11)] „Ähnlich Kritik übte auch der deutsche Jurist und AfD-Abgeordnete Gunnar Beck. "Was würden die USA mit Edward Snowden tun, hätte er sich nicht rechtzeitig nach Moskau abgesetzt?", fragte er rhetorisch in den Raum.“[12)]

Es ist das Kennzeichen bürgerlicher Medien, dass die Unruhen im "liberalen Westen" als Krawalle verurteilt werden, wie es mit den Gelbwesten-Protesten in Frankreich geschehen

---

füttern, während es zugleich nicht genug für die Nato zahlt“

8 Es ist aber Usus geworden, dass die EU Beobachter zu Prozessen entsendet, die nicht ihre eigenen Staatsbürger betreffen. So war es auch beim Nawalny-Prozess. Interessanterweise erfolgt keine diplomatische Prozessbeobachtung des in Großbritannien inhaftierten Whistleblowers Julian Assange.

9 Außen- und Sicherheitspolitik Josep Borrell RT vom 9.1.2021

10 Der ehemalige katalanische Regierungschef Carles Puigdemont RT vom 9.1.2021: "Sie, Herr Borrell, hätten Herrn Lawrow sagen sollen, dass er sich geirrt hat. Weil es in Spanien nicht drei politische Gefangene gibt, sondern mindestens neun. Und dass dies nicht mit dem Fall Nawalny verglichen werden kann, weil er zu 3,5 Jahren verurteilt wurde und katalanische Staats- und Regierungschefs wurden zu 9 bis 13 Jahren Haft verurteilt, weil sie ein Referendum abhalten wollten. Wir warnten davor, dass die EU-Doppelmoral das globale Vertrauen in Europa als Verteidiger der Freiheit untergräbt. Sie können nicht um die Welt reisen und andere dazu drängen, Standards anzuwenden, die Sie selbst nicht anwenden."

11 Irische Linken-Politikerin, Clare Daly auf Youtube: Während viele Abgeordnete den Moskau-Besuch verurteilten, ja sogar teilweise Borrells Rücktritt und Sanktionen gegen Russland forderten, attackierte die irische Linken-Politikerin Clare Daly die Doppelmoral im EU-Parlament, was Menschenrechte angeht, und warf ihren Kollegen eine "anhaltende Russland-Feindlichkeit" vor. Deshalb müsse man sich auch nicht wundern, wenn die russische Regierung zunehmend in Frage stellt, ob vernünftige Beziehungen zur EU überhaupt möglich seien. Sie behauptete außerdem, dass man in der EU überhaupt nicht über Nawalny sprechen würde, wenn er in einem anderen Land als Russland verhaftet worden wäre. Mittlerweile ist Julian Assange seit fast zehn Jahren eingesperrt, weil er US-Kriegsverbrechen aufgedeckt hat. Wir dürfen seinen Namen nicht erwähnen. [...] denn hier geht es nicht um Menschenrechte. Es geht um eine geopolitische Agenda gegen Russland, angeheizt durch einen militärisch-industriellen Komplex, der einen Feind braucht, um seine Millionen (Ausgaben) zu rechtfertigen", so Daly.

12 Ebd. Der deutsche Jurist und AfD-Abgeordnete Gunnar Beck

ist. Im globalen Süden wie Tunesien gibt es noch ein gewisses Verständnis der paternalistisch als "verlorene Generation" bezeichneten Akteure.

Es sind vielmehr die gesellschaftlichen Verhältnisse, die die Menschen im Westen auf die Straßen und Plätze treiben.

Aber weil sich die internationale Öffentlichkeit irreführen lässt. Dies ist aber nicht nur eine kurzsichtige, sondern auch eine gefährliche Idee.

Man muss nach der Ursache fragen und auf den Grund gehen. Das ist das, was diese Zeitschrift (NSWS) versucht, die o. g. Fragen zu beantworten.

Dr. Ahmet Morkal, April 2021

Danksagung

Wir , als Redakteur/innen, bedanken uns für den privaten und öffentlichen Zuspruch vieler Leser, die uns dazu ermuntert haben, mit der bisherigen Verfahrensweise fortzufahren.

Ebenfalls bedanken wir auch bei den sehr wenigen Lesern, die sich wenigstens die Mühe machen, ihre Kritik nach bestem Wissen und Gewissen darzulegen, und nicht gleich eingeschnappt sind bzw. direkt in den Hetz-Modus übergehen (z.B. Diffamierung unserer Autoren, Vorwurf des religiösen Eiferns, Mitgliedschaft in einer "Politsekte", Gleichsetzung mit Faschismus), wenn man sie mit Gegenargumenten konfrontiert

An die Leser, deren Gemüt wir besonders erregt zu haben scheinen, möchten wir nur eins sagen: Schnappatmung ist kein Argument. Ebenso wenig ist es ein Argument, einfach nur "Nein!" oder "Falsch!" oder "Stimmt nicht!" oder "Da sind wir anderer Meinung!" zu rufen, ohne den vermeintlichen Fehler im ausreichenden Detail herauszuarbeiten. Tut es, wenn schon nicht für mich, so doch für das mitlesende Publikum.

This Magazine/journal, "Neue Sozialwissenschaftlichen Studien (NSWS)", - New Social Scientific Studies -, was established by Dr. Ahmet Morkal in 2016 in response to an increasing demand for analyzing, discussion and international economy and international politics.

It's the succession to the Board members of NSWS , which was 2018 with the aim of creating international Network of experienced scientists in Europe from political sciences, economical sciences and trade sciences. As an interdependent expert group, it addresses current developments in global economy and politics and identifies topics of special strategy concern to the Foundation its partners in Germany, in UK , USA and beyond.

The Board of NSWS provides a forum for debate on global developments in economy, political and social science issues.

Modern democratic societies are pluralistic in terms of different world views of conceptions. Besides this, modern societies also have complete structures both in term of social institutions and organization.

Science is one of the most important factors to achieving a modern democratic society without war, poverty, and exploitation; protecting individual freedom and pluralism of life forms as its central values.

Therefore, scientists have a duty to contribute to their society, defending such an open democratic society, and strengthening autonomy of individual justice.
In terms of topics, methods, and in dependency, science must face the questions and problems framed by society, address them properly, and it must be autonomous.

To be able to contribute to a modern democratic society accordingly.
The NSWS is a project of the non-profit organization, in which many scientists and scholars publish regularly a article about economical, political and global issues and analyzing many countries.

Sciences contains evidence and symptoms of a global crisis like war, poverty, hunger and discrimination, migration and freedom.

The NSWS is published four times in a year. This magazine will be published from the 1. October 2021 also appear in English too.

Dr. Ahmet Morkal, Editor – in – Chief, NEWS, March 2021

Besondere Seite für die Scheinheiligkeit des Westens:

„Natürlich habe die Politik der Europäischen Union in den letzten Jahren dem Ziel gedient, Weissrußland von Russland zu entfremden und aus der engen Zusammenarbeit mit Moskau herauszubrechen."

- Der österreichische Außenminister Alexander Schallenberg bei seinem Interview mit der öffentlich-rechtlichen Nachrichtensendung ZIB 2 vom 12.8.2020-

„Wir verurteilen die brutale Gewalt in Weißrusland gegen Menschen", so Merkel.

Österreichs Bundeskanzler Sebastian Kurz nahm bereits Stellung zu den Protesten in Belarus:

Die Entwicklungen in #Belarus und das seit Tagen gewaltsame Vorgehen gegen Demonstranten verurteilen wir auf das Schärfste. — Sebastian Kurz (@sebastiankurz) August 13, 2020

Wie war es mit Gelb-Westen in Frankreich ? 7 Tote und viele Verletzte ?

"Es ist wichtig, dass unsere Regierung den Russen eine klare Botschaft vermittelt, dass wir dies nicht akzeptieren", erklärte die norwegische Ministerpräsidentin Erna Solberg. Russland soll nach dem norwegischen Außenministerium hinter einem Cyber-Angriff auf das norwegische Parlament stecken. Emails, Kontonummern, Sozialversicherungsnummern, Bankinformationen und andere persönliche Informationen von norwegischen Abgeordneten des Nationalparlaments und deren Mitarbeitern wurden mit einem Hackerangriff im August gestohlen."[13] und "[14]

Der Merkel-Satz: "Abhören unter Freunden (von NSA), das geht gar nicht"[15]
gehört als weltweit wohl dämlichste Stellungnahme eines Spitzenpolitikers zu einem geplatzten Geheimdienstangriff auf seinen Staat ins Guinnessbuch der Rekorde.
CIA-Direktor Casey: "We'll know our disinformation program is complete when everything the American public believes is false."[16]

„Ein bewaffneter Angriff auf Schweden kann nicht ausgeschlossen werden. Dabei nannte er die "Aggressionen Russlands in Georgien und der Ukraine" und betonte, und betonte, es handele sich um die größte prozentuale Steigerung der Ausgaben seit den 1950er Jahren: „Wir haben eine Situation, in der die russische Seite gewillt ist, militärische Mittel zu nutzen, um politische Ziele zu erreichen. Darauf basierend haben wir eine neue geopolitische Sicherheitssituation, mit der wir umzugehen haben." Auf der Insel Gotland, unweit der schwedischen Ostküste, könnte der russische Feind eines Tages einfallen, warnte Peter Hultqvist, schwedischer Verteidigungsminister. „[17]

Von einer Politik, die Assange oder Snowden hängen lässt aber gleichzeitig einen Nawalny hofiert, ist absolut nichts mehtr zu erwarten.
Für das heutige Deutschland kann man sich nur noch in Grund und Boden schämen.

Hat der "autoritäre" Putin höchstpersönlich eine Wahl annulieren lassen wie es das Merkelregime in einem östlichen Bundesland tat... ?

---

13 https://www.nrk.no/norge/erna-solberg_-_-viktig-at-norge-er-tydelig-1.15199866

14 Lange gab es verhältnismäßig "entspannte" Beziehungen zwischen dem Nato-Mitglied Norwegen und Russland. Die Rote Armee befreite Nordnorwegen Ende des Zweiten Weltkriegs von deutschen Truppen und zog sich im September 1945 wieder zurück. Auf der anderen Seite änderte Norwegen seine Politik, keine Truppen von anderen Nato-Ländern auf seinem Territorium zu stationieren. Seit 2017sind amerikanische Truppen in Norwegen anwesend

15 https://rp-online.de/politik/deutschland/nsa-ausschuss-mein-name-ist-angela-dorothea-kasner_aid-19267741

16 www.expressen.se/nyheter/hultqvist-om-satsningen-pa-forsvaret-efter-haveriet/

17 CIA Influence On Mass Media: How Disinformation Campaigns Work."
https://www.youtube.com/watch?v=i2phtFCAwj0&t=90

"Gestern haben wir eine Erklärung im Namen der 27 Mitgliedsstaaten herausgegeben, in der wir die russischen Behörden bitten, die medizinische Versorgung zu gewährleisten, die er braucht. Sie sind für seine Sicherheit verantwortlich", betonte der EU-Außenbeauftragte vor einem Video-Treffen der Außenminister der EU-Staaten, bei dem das Thema Russland zur Sprache kommen sollte."[18)]

"Wir haben der russischen Regierung mitgeteilt, dass das, was mit Herrn Nawalny in ihrem Gewahrsam geschieht, in ihrer Verantwortung liegt. Es wird Konsequenzen geben, falls Herr Nawalny stirbt." so der US-Präsidenten Joe Biden."[19)]

„Julian Assange"[20)] befindet sich immer noch - also mittlerweile seit insgesamt fast 22 Monaten - im Londoner Hochsicherheitsgefängnis Belmarsh, dem "britischen Guantanamo", wie manche es nennen, in dem ansonsten nur supergefährliche Mörder sowie Terroristen verwahrt werden. 23 Stunden am Tag befindet er sich in vollständiger Isolation. "Weiße Folter" nennt man das unter Menschenrechtsexperten."

„Mumia Abu-Jamal"[21)] wurde fälschlicherweise beschuldigt, vor 39 Jahren einen Polizisten getötet zu haben und wurde zu Unrecht inhaftiert", heben die Mediziner in ihrer Erklärung hervor. Amnesty International habe den Prozess als „ein offen rassistisches Gerichtsverfahren" bezeichnet, das „internationale Standards für faire Gerichtsverfahren nicht erfüllte".

„Was unternahm und unternimmt der EU-Außenbeauftragte der Außenminister der EU-Staaten für die Freilassunf von Abu-Jamal und von Julian Assange, die unschuldig im Gefängnis sitzen ? „

„Der Guardian hat heute einen Artikel über ein brisantes Regierungspapier veröffentlicht, worin die Flüge der CIA zum Transport von Gefangenen als illegal bezeichnet werden.
Damit aber wird die britische Regierung zumindest der Täuschung der Öffentlichkeit bezichtigt, denn diese hatte keine Kenntnisse von diesen Flügel angegeben."[22)]

„Deutsche Justizministerin Christine Lambrecht hat den Polizeieinsatz mit Wasserwerfern gegen Demonstranten am Mittwoch in Berlin gebilligt. Wie die SPD-Politikerin den Zeitungen der Funke Mediengruppe sagte, müsse die Versammlung aufgelöst werden, wenn Auflagen wie Maskenpflicht oder Abstandhalten bewusst missachtet würden:

---

18 Der Hohe Vertreter der EU für Außen- und Sicherheitspolitik, Josep Borrell, sagte am 19.4.2021 in Brüssel, dass Russland für den Gesundheitszustand des inhaftierten Aktivisten Alexei Nawalny "verantwortlich" gemacht werde.

19 Die US-Regierung hat Russland mit Konsequenzen gedroht, sollte der inhaftierte Oppositionelle Alexei Nawalny im Gefängnis versterben. Der Nationale Sicherheitsberater des US-Präsidenten Joe Biden, Jake Sullivan, sagte am 19.4.2021 gegenüber CNN: .

20 Julian Assange hat mit seinen Aktivitäten um Wikileaks Meilensteine für den investigativen Journalismus gesetzt und innerhalb kurzer Zeit mehr Informationen von großer öffentlicher Relevanz zugänglich gemacht, als die meisten seines Fachs in einem ganzen Leben. Sein einziger „Fehler" bestand darin, Kriegsverbrechen der „falschen" Großmacht zu publizieren – den USA. Whistleblower, investigative Journalisten, mutige Publizisten, eine freie Presse – sie sind und waren zu allen Zeiten das Rückgrat einer emanzipierten, freien und offenen Gesellschaft. Durch ihre Arbeit erfahren wir von Menschenrechtsverletzungen, Kriegsgräuel und angeblichen Kriegsgründen und von anderen Dingen, die der Öffentlichkeit verborgen bleiben sollen.

21 15 der 35 Polizeibeamten, die an der Sammlung von Beweisen in Mumias Fall beteiligt waren", später wegen „systematischer Beweismittelfälschung" im Rahmen ihrer Ermittlungsarbeit gegen andere Angeklagte zu Gefängnisstrafen verurteilt wurden, müsse das Urteil gegen Mumia Abu-Jamal aufgehoben und er freigelassen werden. Heute dürfe man es der „rassistischen Polizeibruderschaft FOP" als der „landesweit größten Polizeilobbygruppe mit Sitz in Philadelphia" nicht durchgehen lassen, Mediziner, die sich für Abu-Jamal einsetzen, zu bedrohen, um sie »zum Schweigen zu bringen".

22 http://politics.guardian.co.uk/foreignaffairs/story/0,,1689833,00.html

„Der Staat muss zeigen, wer in diesem Land das Gewaltmonopol hat. Es kann nicht sein, dass der Staat resigniert, wenn viele Demonstranten kommen, um bewusst die Regeln zu verletzen.“

„SPD-Chefin Saskia Esken lobte ebenfalls das Vorgehen der Polizei. Dem Redaktionsnetzwerk Deutschland sagte sie:

„Ich begrüße es, dass die Polizei hier frühzeitig und konsequent zum Schutz von Demokratie und Gesundheit gehandelt hat.“

„Die Polizei hat nicht genehmigte und regelwidrige Versammlungen frühzeitig und konsequent aufgelöst.

„Ganz ausdrücklich danke ich jedem und jeder einzelnen Polizist*in, der oder die unsere Demokratie beschützt und dabei auch die eigene Gesundheit gefährdet.
— Saskia Esken (@EskenSaskia) November 18, 2020

Auch Bundesinnenminister Horst Seehofer (CSU) verteidigte das Vorgehen der Polizei.:

„Der demokratische Rechtsstaat lebt und die Polizei ist sein Schutzschild.“
Selbst „die FAZ“[23] bekennt diskret in ihrem Wirtschaftsteil: "Und doch war es nur eine kleine, mutige Minderheit, die ... für den Oppositionellen Nawalny auf die Straße ging. ... Im Januar [2021] gaben 64 Prozent der Russen an, sie seien mit Putins Handlungen als Präsident zufrieden".Das spricht eine andere Sprache als die Darstellung auf den vorderen Seiten der Zeitung.“

Im Januar gaben „64 Prozent der Russen“[24]an, sie seien mit Putins Handlungen als Präsident zufrieden.

Während der Europäische Gerichtshof für Menschenrechte (EGMR) in Straßburg die sofortige Freilassung des in Russland inhaftierten „Kremel-Kritikers“ Alexej Nawalny fordert.“[25]

Wann hat dieses Gericht die Freilassung von Julian Asanger gefordert ?

"Wir müssen Stellung beziehen gegen schwerwiegende Eingriffe in bürgerliche Freiheitsrechte in Ländern wie Nordkorea und Syrien. Wir müssen auf die immer stärkeren Einschränkungen hinweisen, die der Zivilgesellschaft auferlegt werden, sei es im Iran, in Venezuela oder andernorts. Und wir werden nicht schweigen, wenn friedlich Demonstrierende und führende Vertreter der Opposition angegriffen und eingesperrt werden, wie es in Belarus oder Russland geschieht. Man müsse Stellung beziehen und dürfe nicht schweigen, wenn dort Menschenrechte verletzt würden. Der deutsche Heiko Maas“[26]

Hat er überhaupt von Gelben-Westen in Frankreich gehört, deren Teilnehmer ums Leben gekommen sind ?

---

23 https://www.faz.net/

24 RT vom 12.2.2021

25 https://twitter.com/ECHR_CEDH/status/1362039113449365508:

26 https://www.auswaertiges-amt.de/de/newsroom/maas-mrr/2443244: Rede von Außenminister Heiko Maas bei der 46. Sitzung des Menschenrechtsrates der Vereinten Nationen (Videostatement) vom 22.02.2021.

Hat dieser fähige Minister von Julian Asanger in London gehört, der unschuldig im Gefängnis sitzt ?

Hat dieser Minister sich für die Freilassung von Julian Asanger eingesetzt oder gefordert ?

Wer still steht, verliert an Boden. Das gilt vor allem auch für das Thema Menschenrechte.

Von wessen Menschen Rechten spricht er überhaupt ? Ist es nicht scheinheilig und Heuchelei ?

In Russland darf die Justiz die Kriminelle NICHT verurteilen, aber in Europa passiert:

„Allein zwischen 2015 und 2017 kam es auf Grundlage dieses Gesetzes zu 84 Verurteilungen, kritisiert Amnesty, obwohl mit der baskischen ETA die letzte bewaffnete Organisation im Jahr 2011 ihren Kampf „endgültig" eingestellt hatte. Seit Jahren führt die Nichtregierungsorganisation "Freemuse" Spanien als Weltmeister bei der Inhaftierung von Künstlern noch vor Iran und oder der Türkei."[27)]

Dass Spanien ein höchst repressiver Staat ist, wobei ziemlich egal ist, ob dort gerade eine rechte oder linke Regierung an der Macht ist, ist wahrlich keine Neuigkeit mehr. Dass sich das Land sogar unter einer Linksregierung weigert, trotz eines höchstrichterlichen Urteils des Europäischen Gerichtshof(EuGH) einen politischen Gefangenen freizulassen, damit er mit seiner Immunität seinen Sitz im Europaparlament einnehmen kann, macht das sehr deutlich.

„Die designierte Grünen-Kanzlerkandidatin Annalena Baerbock hat der russischen Regierung heftige Vorwürfe wegen ihres Umgangs mit dem Oppositionellen Alexei Nawalny gemacht. "Wir sehen, dass der Kreml, und dem steht dieser Präsident vor, gerade jemanden sterben lässt", sagte Baerbock am Montagabend in einem ProSieben-Interview." Aus meiner Sicht kann man nicht von außen sagen, wer dafür jetzt einzeln verantwortlich ist. Herr Putin ist für dieses Regime verantwortlich. Er ist der Präsident dieses Regimes mit den Akteuren, die versucht haben, Herrn Nawalny an der Stelle zu ermorden." Baerbock kritisierte auch den türkischen Präsidenten Recep Tayyip Erdoğan, der EU-Kommissionspräsidentin Ursula von der Leyen bei einem Besuch brüskiert haben soll. Bei einem Treffen in Ankara wurde EU-Ratspräsident Charles Michel ein großer Stuhl neben dem türkischen Staatschef reserviert, während von der Leyen auf einem Sofa Platz nehmen musste. "Es gibt autoritäre Kräfte", sagte Baerbock. "Es gibt dieses Gehabe weltweit: Jetzt braucht es aber wieder den starken Mann, in manchen Situationen den starken Führer." Daran sehe man, dass die Frage von Frauenrechten immer auch eine Frage von Demokratie und Rechtsstaatlichkeit sei. "Und es war ein Unding, wie da mit der Kommissionspräsidentin umgegangen wurde." [28)]

---

27 https://freemuse.org/news/the-state-of-artistic-freedom-2020/: Bei dem traurigen Rekord steht ein europäischer Staat noch vor dem Iran oder der Türkei, wo gerade eine Musikerin im Hungerstreik gestorben ist

28 Sie teilte am Abend in einem TV-Interview gegen Russland aus. Baerbock ist unter anderen auch Mitglied im German Marshall Fund und im Europa/Transatlantik-Beirat der Heinrich-Böll-Stiftung. Baerbock ist ein Mitglied des Klubs der weltgrößten Konzerne zum Young Global Leader. Gegenüber China und Russland seien laut Baerbock Härte und Dialog das Gebot der Stunde.

Hat diese Dame sich für die Freilassung von Julian Asanger und Mumia Abu-Jama (mehr als 40 Jaher) eingesetzt oder gefordert, die unschuldig seit Jahren im Gefängnis sitzen ?

Erben der Generationen, die Krieg anzettelten“: Lukaschenko reagiert auf Klage deutscher Anwälte:

„Die beim Generalbundesanwalt (GBA) in Karlsruhe wegen Verbrechen gegen die Menschlichkeit erstattete Strafanzeige sei ein „dummer Schritt“ und eine „situationsbedingte Politik“„Es wäre begreiflich gewesen, wenn sich Großbritannien zu Wort gemeldet hätte, die USA oder Frankreich: Diese waren ja in einer Koalition gewesen. Aber nicht die Erben des Faschismus. Sie wollen mich vor Gericht bringen (...) Wer sind Sie, dass Sie mich anklagen? Dafür, dass ich Euch und mein Land beschütze?!“, sagte der weißrussische Präsident Alexander Lukaschenko. “**https://snanews.de vom**

DER INHALT DIESER AUSGABE

BEITRÄGEN
SEITEN

I. KAPITEL

1.1.1. "Terrorismus"-Anklage gegen Ex-Präsident Evo Morales (Bolivien) fallengelassen

Dr. Ahmet Morkal

„Diejenigen, die von dieser Situation profitieren, sollten die Weisheit des Sprichworts verstehen: „Wer Wind sät, wird Sturm ernten".

Ein bolivianisches Regionalgericht hat die Terrorismus-Anklage gegen den ehemaligen Präsidenten Evo Morales eingestellt und den gegen ihn erlassenen Haftbefehl zurückgezogen. Die Rechte von Evo Morales seien verletzt und Verfahrensfehler begangen worden, hieß es.
Die Rechte des Ex-Präsidenten, einschließlich seines Rechtes auf gerichtlichen Schutz, seien verletzt worden, erklärte Richter Jorge Quino, Leiter des Justizministeriums in La Paz, als er die Entscheidung des Gerichts verkündete. Das Gericht gab somit einem von den Anwälten des Angeklagten eingereichten Antrag statt.
Quino präzisierte, in diesem Fall sei gegen Verfahrensrecht verstoßen worden, indem man Morales nicht ordnungsgemäß vorgeladen hatte. Die Anklage wurde fallengelassen, da die Staatsanwälte das gesetzlich festgelegte Verfahren nicht eingehalten hatten, sagte Quino gegenüber dem bolivianischen Fernsehsender Unitel. Das Urteil bedeutet jedoch nicht, dass der ehemalige Präsident Boliviens, der nach seinem Sturz im vergangenen Jahr wegen Aufruhr und Terrorismus angeklagt wurde und derzeit im Exil lebt, jetzt bereits sicher in seine Heimat zurückkehren kann. Die Entscheidung muss in letzter Instanz noch vom Tribunal Constitucional Plurinacional, dem Verfassungskontrollorgan des Landes, gebilligt werden. Dort könnte die Entscheidung noch gekippt werden.

Der Haftbefehl gegen Morales war im Dezember 2019 vom bolivianischen Generalstaatsanwalt unter der nach einem Staatsstreich gebildeten sogenannten provisorischen Regierung erlassen worden. Die Übergangsregierung, angeführt von der rechten Senatorin Jeanine Áñez, hatte argumentiert, dass die Verlautbarungen und Proteste von Morales Aufrufe zu "Aufruhr und Terrorismus" darstellten. Áñez versicherte, den Ex-Präsidenten "für den Rest seines Lebens" ins Gefängnis bringen zu wollen.
Morales, der Bolivien 14 Jahre lang regiert hatte, trat am 10. November 2019 unter dem Druck des Militärs von seiner Präsidentschaft zurück und musste sich verstecken. Anfang November war er nach einer Nichtanerkennung seines Wahlsieges durch die Opposition des Wahlbetrugs beschuldigt worden.

Nach seinem Rücktritt reiste Morales zunächst nach Mexiko und kam schließlich nach Argentinien, wo Präsident Alberto Fernández ihm politisches Asyl gewährte.
Trotz der Abwesenheit von Morales als ihrer Führungsfigur sicherte sich die Partei der Bewegung zum Sozialismus (MAS) bei den jüngsten Parlamentswahlen am 18. Oktober 2020 in beiden Kammern des bolivianischen Parlaments die Mehrheit. Der frühere Minister und Vertraute von Morales, der Sozialist Luis Arce gewann die Abstimmung und sicherte sich einen überragenden Sieg gegen seinen konservativen Rivalen Carlos Mesa.

Boliviens frühere selbsternannte „Übergangspräsidentin" Jeanine Áñez soll sich nach dem Willen des Parlaments wegen der gewaltsamen Unruhen im Land im vergangenen Jahr vor Gericht verantworten müssen. Dies sei in einer gemeinsamen Sitzung von Oberhaus und Unterhaus am 29.10.2020 mit Zweidrittelmehrheit beschlossen worden, hieß es in einer Twitter-Mitteilung des Senats. Auch gegen elf unter Áñez amtierende Minister solle wegen Verletzung der Menschenrechte Anklage erhoben werden. Bei den gewaltsamen Auseinandersetzungen Ende vergangenen Jahres nach dem Sturz von Präsident Evo Morales waren mehr als 30 Menschen getötet worden.

1.1.2. Mit einem überraschend deutlichen Sieg der sozialistischen Partei MAS (Movimiento al Socialismo) vom 18.10.2020 in Bolivien

Dr. Ahmet Morkal

Die Wahlen in Bolievien sind vorbei, ebenso wie die kurze Regierungszeit der Putschisten rund um "Interimspräsidentin" Jeanine Áñez, die im vergangenen Herbst in einem unblutigen Putsch Präsident Evo Morales gestürzt haben. Jetzt fürchten sie sich offenbar vor den Folgen.
Mit einem überraschend deutlichen Sieg der sozialistischen Partei MAS (Movimiento al Socialismo, "Bewegung zum Sozialismus" auf Deutsch) und ihrem Präsidentschaftskandidaten Luis Arce beim mehrfach verschobenen Wahlgang am 18. Oktober hatte niemand gerechnet. Erst recht nicht nach dem Putsch im vergangenen Jahr, als unter massivem Druck der USA der gewählte Präsident Evo Morales "zurücktreten" und Bolivien verlassen musste. Über die Gründe wurde viel spekuliert. Morales selbst ging davon aus, dass "Lithium ein wichtiger Faktor beim Staatsstreich" war.

Die Amtsgeschäfte der de facto Putschisten übernahm die rechtsgerichtete Evangelikale Senatorin Jeanine Áñez, die sich selbst zur "Interimspräsidentin" ernannte. Dabei warnte sie die Bevölkerung vor einer Rückkehr der "Wilden" an die Macht in dem südamerikanischen Land, wie sie verächtlich Morales bezeichnete, der der indigenen Volksgruppe angehört.
Seitdem beherrschen die Corona-Pandemie und eine starke Militarisierung das Land. Es wurde befürchtet, dass die angekündigten Präsidentschaftswahlen mit Hilfe der USA manipuliert werden könnten. Noch am 6. Oktober traf sich Innenminister Arturo Murillo mit dem Generalsekretär der Organisation Amerikanischer Staaten (OAS), Luis Almagro, und US-Außenminister Mike Pompeo in Washington, um über "sensible Sicherheitsthemen" im Zusammenhang mit den Wahlen zu sprechen. Murillo äußerte sich wie folgt dazu:
Es handelte sich um sehr sensible Themen in Sachen staatliche Sicherheit im Zuge der Gefahren bei den Wahlen. Die USA können uns in einigen Punkten helfen. Wir ersuchen um Hilfe zur Aufrechterhaltung der Demokratie. Das bedeutet nicht, Soldaten nach Bolivien zu bringen.

Dass die Befürchtungen nicht unbegründet waren, zeigen zwei E-Mails, die kurz vor dem Wahlgang auftauchten. Der Inhalt der Mails, die dem britischen Morning Star vorliegen, deuten darauf hin, dass – ähnlich wie schon zuvor in Venezuela – US-Söldner an einer "einzigartigen Mission" in Bolivien teilnehmen sollten. Die Rekrutierung oblag offensichtlich Joe Milligan, einem Polizeiausbilder aus Texas, der bereits für das berüchtigte Söldnerunternehmen Blackwater in Afghanistan und Irak arbeitete, wie aus seinem LinkedIn-Profil hervorgeht. Es seien "bereits viele Teile unterwegs", und er wolle deswegen keine Diskussionen auf Facebook darüber sehen, um nicht in die Arbeit der "anderen Leute auf dem Boden" dazwischenzufunken. Angeblich sollen die Söldner zwischen 150.000 bis 250.000 US-Dollar für Verträge von zwei bis sieben Monaten erhalten. Ihr Ziel: Die MAS, die als "Hauptfeind" benannt wird.
Die vom Morning Star kontaktierten Geheimdienstexperten gehen nicht davon aus, dass die US-Regierung oder Geheimdienste hinter diesen Vorbereitungen steckten, weil die Organisatoren "zu blöd" vorgegangen seien, um einen solchen Auftrag durchzuführen. Da die Wahlen ohnehin vorbei sind und die MAS als deutliche Gewinnerin hervorging, bleibt die Frage offen, ob die Mission abgebrochen wurde oder ob noch etwas anderes geplant sein könnte. Es wird gemutmaßt, dass die geplante Operation etwas mit den Lithium-Minen zu tun haben könnte. Belege dafür gibt es allerdings nicht. Ungeklärt bleibt auch die Frage nach den Auftraggebern, nachdem das Auftragsvolumen auf etwa 300 Millionen britische Pfund geschätzt wird.
Nach dem Wahlsieg der MAS und Luis Arce soll sich die abgewählte "Interimspräsidentin" Jeanine Áñez Berichten zufolge vor den Konsequenzen des Putsches und der Handlungen in den vergangenen elf Monaten fürchten. Deshalb soll sie für insgesamt 350 Personen aus ihrer Regierungszeit ein Visum in Washington beantragt haben, was für Spott und Häme in den sozialen Netzwerken sorgte. Der Hashtag "Tiempo de fuga?" (Zeit für eine Flucht?) verbreitete sich daraufhin wie ein Lauffeuer im Internet.

1.1.3. Bolivien gibt mehr Geld für die Gesundheit und Bildung aus.

Die bolivianische Regierung unter Präsident Luis Arce startet ein umfassendes soziales und wirtschaftliches Aufbauprogramm. Erklärtes Ziel ist es, Armut und Hunger im Land zurückzudrängen und die finanzielle Gleichstellung von Frauen und Männern durchzusetzen. Präsident Arce betont:“ [29)]

"Zusammen mit einem Wirtschaftsteam, den Ministern und Vizeministern, haben wir neue Maßnahmen erarbeitet, um die Wirtschaft ab Dezember wieder anzukurbeln. Wir werden unsere „Investitionen optimieren und die öffentlichen Ausgaben“[30) und 31)] dazu verwenden, um Arbeitsplätze zu schaffen."

---

29 https://www.telesurtv.net/

30 Mit den Investionen ist auch Lithium. Lithium ist eine notwendige Ressource beim Bau von Batterien und Akkus für Elektromotoren wie zum Beispiel bei E-Autos. Für eine Tesla-Batterie des Model S (70 kWh) werden ca. 63 Kilogramm reinen Lithiums (99,5 Prozent) benötigt. Es gibt noch wesentlich stärkere Modelle, die entsprechend mehr Lithium brauchen. Weltweit gibt es derzeit über 1,3 Milliarden Autos – auf live.counter.com lässt sich der Zuwachs sekündlich betrachten. Würden alle Autos weltweit auf E-Motoren des Tesla Model S umgestellt, wären fast 90 Millionen Tonnen reines Lithium nötig.

31 https://www.faz.net/aktuell: Im Interview mit der FAZ äußerte er:"Es sind Probleme entstanden, was die Vertragsdauer und die Höhe der Förderabgaben betrifft. Die lokalen Organisationen in der Region der Salzseen wollen einen größeren Anteil und eine kürzere Vertragsdauer. Wenn die deutsche Firma die Bedingungen anpasst, dann setzen wir die Zusammenarbeit fort. Ansonsten gibt es andere Partner, mit denen wir die Verarbeitung von Lithium vorantreiben können. Dieser Prozess wird kommen und hängt nicht von einer einzelnen Firma ab."

Seit dem 1. Dezember läuft das Programm "Bonus gegen den Hunger". Dieses beinhaltet eine finanzielle Unterstützung für alle erwachsenen Bolivianer, die ohne Einkommen sind. Finanziert werden soll das Projekt unter anderem über die Einführung einer progressiven Vermögenssteuer. Ab 2021 werden Personen mit einem Vermögen von über 30 Millionen Bolivianos (etwa 3,7 Millionen Euro) mit einer besonderen Steuer belegt.

So geht es weiter. Der bolivianische Staatshaushalt für das Jahr 2021 soll nach den Worten von Präsident Luis Arce dazu dienen, "die soziale Gerechtigkeit auszubauen"[32] . Auf Gesundheit und Bildung entfallen 20 Prozent der Ausgaben – nur zwei Prozent auf das Militär.

Auf Twitter äußerte Arce sich bewegt von einer Reise durch Boliviens Departamentos:
"Wir haben das Land durchquert und die Nöte unserer bolivianischen Schwestern und Brüder in den ländlichen Gegenden gesehen. In den Köpfen unserer Wirtschaftsminister ist es jetzt sicher, der Bonus gegen den Hunger wird bei euch allen landen."

"Hemos recorrido el país y hemos visto la necesidad de nuestras hermanas y hermanos bolivianos en el área rural. Estamos seguros que a la cabeza de nuestro ministro de economía, el Bono contra el Hambre llegará a todas y todos"?Síguelo en vivo:https://t.co/xsmEJbSfh4pic.twitter.com/OPLIYqimrt

— Luis Arce Catacora (Lucho Arce) (@LuchoXBolivia) December 1, 2020

Im Jahr 2021 wird Bolivien über 20 Prozent seines Staatshaushaltes für Gesundheit und Bildung investieren. Boliviens Präsident Luis Arce unterzeichnete am 28. Dezember den vom Parlament und Senat beschlossenen Haushaltsentwurf. Mit diesen sollen umfangreiche Investitionen für die soziale Gerechtigkeit in Bolivien ermöglicht werden.
Präsident Arce äußerte: “ [33]

"Wir fokussieren uns darauf, die soziale Gerechtigkeit auszubauen, nachdem uns eine Rezession von der Putschregierung unter Jeanine Áñez hinterlassen wurde."

„Der Staatshaushalt für 2021 umfasst circa 295,6 Milliarden Bolivianos – umgerechnet 35 Milliarden Euro. Davon entfallen 10,1 Prozent auf das Gesundheitswesen und 11 Prozent auf das Bildungssystem. Die Ausgaben für die Verteidigung nehmen nur 2,1 Prozent des gesamten Staatshaushaltes ein.““ [34]

Zum Vergleich: Der deutsche Bundeshaushalt “ [35] hatte 2020 ein Ausgabenvolumen von 508 Milliarden Euro. Davon entfielen etwa acht Prozent auf das Bundesministerium für Gesundheit und knapp vier Prozent auf das Bundesministerium für Bildung und Forschung. Fast neun Prozent der Ausgaben entfielen auf das Bundesministerium der Verteidigung. Das deutsche Verteidigungsbudget lag 2020 bei 45,6 Milliarden Euro – zehn Milliarden mehr als das gesamte bolivianische Staatsbudget für 2021.

---

32 Luis Arce Catacora (Lucho Arce) (@LuchoXBolivia) November 26, 2020: "Gemeinsam [mit den Bergbau-Kollektiven] arbeiten wir an der Wiederankurbelung unserer Wirtschaft. Der Minen-Bergbau ist ein strategischer Sektor, um Einkommen für Bolivien zu erzeugen." und La primera reunión con los hermanos de la Federación Nacional de Cooperativas Mineras (Fencomin), a nuestro retorno a #Bolivia, analizamos políticas del sector, factor clave, del apoyo a la reconstrucción económica que ha emprendido nuestro gobierno. pic.twitter.com/hBD6DIkq08 — Evo Morales Ayma (@evoespueblo) November 26, 2020

33 Ebd.

34 www.telesurenglish.net/news/Bolivia-Govt-To-Implement-New-Economic-Measures-20201130-0014.html

35 https://www.bundeshaushalt.de/#/2020/soll/ausgaben/einzelplan.html

Auf Twitter betonte Präsident Arce, der bolivianische Staatshaushalt und insbesondere die Ausgaben für Gesundheit und Bildung zielten darauf ab, die verwundbarsten Gruppen der bolivianischen Gesellschaft zu priorisieren. Der Staatshaushalt sei die Grundlage dafür, die Wirtschaft zurückzugewinnen.

Promulgamos el Presupuesto General del Estado (PGE) 2021 que otorga más del 10% de los recursos al sector Salud y 10% a Educación. Priorizamos a los grupos más vulnerables de #Bolivia. El PGE sienta bases para la recuperación económica en contexto de austeridad de estos tiempos.

— Luis Arce Catacora (Lucho Arce) (@LuchoXBolivia) December 28, 2020
Zur Finanzierung des Staatshaushaltes werden in Bolivien ab 2021 Vermögen von umgerechnet über vier Millionen US-Dollar mit einer Vermögenssteuer belegt. Der bolivianische Finanzminister Marcelo Montenegro erklärte dazu:

"Wir haben bereits unsere Demokratie wiederhergestellt. Jetzt werden wir an das wirtschaftliche Wachstum anknüpfen, das wir unter dem ehemaligen Präsidenten Evo Morales in den Jahren 2006 bis 2019 hatten."

1.1.4. Hintergründer über die politische Lage in Belarus

Dr. Ahmet Morkal

Vorspan:
Gleich nach den Präsidentschaftswahlen in Weißrussland am 9. August 2020 hatte die Opposition mit landesweiten Massenprotestaktionen begonnen. Die Gegner des amtierenden Staatschefs Alexander Lukaschenko, für den dieser Wahlsieg bereits der sechste in Folge war, wollen seine Wiederwahl nicht anerkennen. Nach Angaben der Zentralen Wahlkommission konnte Lukaschenko 80,1 Prozent der Wählerstimmen auf sich vereinigen. Die Opposition glaubt, dass seine Herausforderin Swetlana Tichanowskaja die Wahl gewonnen hat.
Allerdings erkennt sie ihre Niederlage nicht an: Laut ihrem Wahlkampfteam gewann sie die Wahl mit 70 bis 80 Prozent der Stimmen. Schon spät am Wahltag gingen landesweit Tausende Menschen auf die Straße. Die Demonstrationen waren nicht von den Behörden genehmigt.
In den ersten Tagen der Proteste wurden die Demos von Sicherheitskräften unterdrückt, die Tränengas, Wasserwerfer, Lärmgranaten und Gummigeschosse gegen die Demonstranten einsetzten. Später sahen die Ordnungskräfte davon ab, die Protestierenden auseinanderzutreiben und gewaltsame Methoden anzuwenden.
Nach offiziellen Angaben wurden in den ersten Tagen mehr als 6700 Menschen während der Proteste festgenommen. Laut dem Innenministerium wurden bei den Unruhen Hunderte Menschen verletzt, darunter mehr als 120 Strafverfolgungsbeamte. Drei Demonstranten starben.

Nach der Präsidentenwahl am vorvergangenen Sonntag hatte sich Alexander Lukaschenko zum Sieger erklärt. Die Opposition sprach von Wahlbetrug und reagierte mit Demonstrationen, gegen die Sicherheitskräfte vorgingen. Zu erwarten ist nun die Erhöhung des diplomatischen Drucks auf Lukaschenko – die Europäische Union wird nach Aussage von Ratspräsident Charles Michel in Kürze Sanktionen gegen Belarus verhängen. Die Rhetorik ähnelt jener zu Zeiten des ukrainischen Maidans.
Massive Proteste gegen den mutmaßlichen Wahlbetrug in Belarus hat nun auch diejenigen westlichen Akteure auf den Plan gerufen, die sich bereits in der Ukraine und Georgien für einen Regime-Change eingesetzt haben. Die Proteste drohen damit vor dem Hintergrund des neuen Ost-West-Konfliktes von pro-europäischen Kräften vereinnahmt zu werden, während Russland erwartungsgemäß dagegenhält.
Offen wird vom „Maidan-Modell" nach dem Putsch-Modell aus der Ukraine gesprochen oder das Beispiel „runder Tische" zum Machtübergang in Minsk favorisiert. Jede Zurückhaltung wird abgelegt, weil nach den klaren und unmißverständlichen Aussagen des österreichischen Außenministers in Minsk jetzt die Ernte jahrelangen Tuns eingefahren werden muß. Über Minsk soll Moskau getroffen und an die US-amerikanische Leine gelegt werden.
Die EU ist bereit, zum Dialog zwischen den weißrussischen Behörden und den Bürgern beizutragen, falls die Weißrussen selbst diese Vermittlung wünschen. Dies erklärte der französische Staatspräsident Emmanuel Macron bei einer gemeinsamen Pressekonferenz mit der deutschen Bundeskanzlerin Angela Merkel.
„Ein Dialog zwischen den Behörden, der Opposition und der Zivilgesellschaft ist notwendig. Wir möchten, dass dieser Dialog von den Weißrussen selbst aufgenommen wird. Aber die Europäische Union ist bereit, diesen Dialog mit anderen Institutionen, einschließlich der OSZE, zu begleiten, wenn die Rolle eines Vermittlers nützlich sein kann und wenn die Weißrussen dies wünschen", sagte Macron am Donnerstagabend in seiner Sommerresidenz Fort de Brégançon, wo er die deutsche Bundeskanzlerin empfing. „Wir möchten nicht, dass sich das wiederholt, was früher bereits passiert ist, vor allem in der Ukraine", äußerte er.

„Wir schlugen Russland auch vor, dass die OSZE in die Vermittlung einbezogen werden sollte. Und ich kann sagen, dass die Reaktion von Herrn Putin auf unseren Vorschlag positiv war", sagte der französische Staatschef.

Die Proteste nach den Wahlen am 9.8.2020 sind in Belarus auch eine willkommene Gelegenheit für den Westen, erneut zu versuchen, vor den Grenzen Russlands den westlichen Einflussbereich auszudehnen, unter dem Mantel angeblicher Unterstützung von „Demokratie und Freiheit (...)."

Im Vordergrund stehen geo-stratekische Interessn und der Zugriff auf billige Arbeitskräfte.
Geopolitische Brisanz die innenpolitische Krise in Weißrussland. "Die Gefahr der geopolitischen Überlagerung besteht darin, . Der Westen hat durchaus ein Interesse daran, dass Russland durch die Destabilisierung Weißrusslands geschwächt wird. Und aus russischer Sicht ist es undenkbar, dass sich Belarus in Richtung NATO bewegt.

Dessen ungeachtet kann festgestellt werden, dass sich Weißrussland in einem klassischen Dilemma befindet. Ganz unabhängig von der genauen Anzahl der Teilnehmer deuten die Proteste darauf hin, dass es tatsächlich einen großen Wunsch nach einem Wandel in der weißrussischen Bevölkerung gibt. Was genau sich ändern soll, drückt sich in den Protesten der Opposition allerdings nicht aus. Lukaschenko muss weg, ist die gemeinsame Parole. Das allerdings ist noch kein politisches Programm für die Zukunft des Landes. Was sonst noch an Wandel vonstattengehen soll, bleibt recht dunkel.

Man stelle sich nur einmal vor, Verlautbarungen wie die Einmischung in die Angelegenheiten der europäischen Staaten von Russland ,Kuba , China, Iran Oder Venezuela kämen, wäre da doch hierzulande alles, was Rang und Namen hat, sofort zur Stelle, um eindringlich und ermahnend Kritik zu üben. Wir erleben nicht nur in Weißrussland, wie der Westen sich in Position bringt.

Merkel und Macron, dem Vernehmen nach, nicht nur Wladimir Putin angerufen. Sie sollen auch versucht haben, den weißrussischen Präsidenten direkt zu kontaktieren, sagte der estnische Regierungschef Jüri Ratas gegenüber Medien: „Bitten um ein Telefongespräch wurden von den beiden europäischen Führungspolitikern auch an Minsk gerichtet – an Alexander Lukaschenko, der darauf nicht einging und den Telefonhörer nicht abhob."
Auf den Vorschlag von Emmanuel Macron, einen Dialog zwischen der weißrussischen Führung und der Opposition in die Wege zu leiten, reagierte Lukaschenko indes mit dem Gegenvorschlag, sich als Vermittler zwischen dem französischen Präsidenten und den „Gelbwesten" einsetzen zu können.
Laut Bundeskanzlerin Merkel hat Lukaschenko vorher bereits mehrfach ein Telefonat mit ihr abgelehnt. Stattdessen ließ der weißrussische Präsident über seinen Amtskollegen Putin der Bundeskanzlerin ausrichten, sie möge sich aus den Angelegenheiten seines Landes heraushalten.

„Wenn Lukaschenko sich jetzt vor westlichen Politikern rechtfertigen und eine Bereitschaft zum Dialog mit der Opposition zeigen würde, dann würde er sehr wahrscheinlich bei seinen Bürgern im Inland an Ansehen verlieren. Er muss jedoch bis ins Letzte konsequent bleiben."
Warum sollte er es tun ? Er wurde gewählt.

Westliche Staaten darunter Deutschland sind an einer diplomatischen "Räuberpistole" nicht nur gegen Beralus , sondern in der Ukrainer, Iran, Syrien und Venezuella beteiligt.

Auch dort eskalierten Proteste in gewaltsame Ausschreitungen. Es gab Dutzende brennende Polizisten. Protestierende hatten Schußwaffen, womit sie die Polizei beschossen. Anders als in Syrien war der gewaltsame Putsch 2014 in Kiew erfolgreich. Das Ergebnis war/ist allerdings ein anhaltender Krieg Kiews gegen die andersdenkenden Landsleute im Donbas. Das Land verarmt zunehmend. Gut ausgebildete Ukrainer kehren dem Land den Rücken und suchen ein angenehmeres Leben im Ausland.

Belarus könnte nun eine ähnliches Schicksal drohen. Die derzeit in Belarus protestierenden Menschen täten gut daran, einen genauen Blick auf die Geschehnisse der jüngsten Zeit in der Ukraine zu werfen. Und sie sollten sich vor Unterstützung und Instrumentalisierung von außen hüten, denn im Westen gibt es Kräfte, die nur allzugern nach der Ukraine nun auch Belarus gegen Russland in Stellung bringen wollen. Ist das Land erstmal im Machtbereich dieser Kräfte, kommt es da nicht mehr wieder raus.

Der Unterschied zum Verhalten von westlichen Politikern in einer ähnlichen Situation ist beträchtlich – nämlich als im Jahr 2014 in Weißrusslands Nachbarland Ukraine die als Maidan bekanntgewordenen Unruhen ausbrachen. Damals beharrte etwa der damalige deutsche Außenminister Steinmeier (SPD) darauf, zwischen der Regierung von Janukowitsch und der Opposition vermitteln zu wollen und unterstützte dabei die Opposition de facto bedingungslos, die sich dann an die Macht putschte. Heute – sechs Jahre später – warnte der Außenminister Lettlands – also gleichfalls oberster Diplomat eines EU-Landes –,

davor, in Weißrussland etwas "vom Rande aus" lösen zu wollen. Die Lösung der Probleme könne nur in Weißrussland selbst gefunden werden.
Möglich, dass sich die Regierung Lettlands – als des ersten und bisher einzigen baltischen Landes und im Gegensatz zu seinen Nachbarn und dem Visegrád-Quartett – der wirklichen Risiken bewusst wurde, die eine rücksichtslose Einmischung in die inneren Angelegenheiten Weißrusslands in sich birgt, etwa wie sie seinerzeit in der Ukraine erfolgte.
Besonders frappierend ist der Unterschied zum Verhalten der westlichen Länder im Verhalten zu einem weiteren Land: Venezuela, in dem bisher den äußeren Akteuren – allen Regimewechsel-Versuchen zum Trotz – nicht einmal ein Aufstand gelang. Der sogenannte Interimspräsident Juan Guaidó wurde ausnahmslos von allen Staaten der Europäischen Union als solcher anerkannt, obwohl die Unterstützung, die er zuhause in Venezuela genießt, verschwindend gering ist und nicht einmal an die Unterstützung für die unterlegenen Oppositionskandidaten in Weißrussland heranreicht.

„Man muss ja auch die Kirche im Dorf lassen. Tichanowskaja ist seit zwei oder drei Monaten in Weißrussland eine Figur. Davor hat sie kein Mensch gekannt. Sie ist also nicht irgendeine Oppositionsführerin, sie ist ein Symbol für den Protest, für den Widerstand gegen Lukaschenko. Aber sie kann in der Diaspora keine Regierung gründen. Das würde nicht fruchten, das würde sie auch in den Augen vieler Weißrussen zu einer Verräterin machen", so Der Politologe und Russlandexperte Alexander Rahr in RT vom 7.10.2020
Was haben wir "Wessis" die "Ossis" damals belächelt. Mit welcher Überheblichkeit wurde auf sie, ihr Land und ihre Art zu leben herabgeschaut. Wie generös gab sich der Westen, wenn sie in ihren stinkenden Plastikautos über die Grenze getuckert kamen. 100 Mark Begrüßungsgeld für einen jeden dieser naiven Menschen von jenseits der Selbstschussanlagen. Ein rückständiges Völkchen mit lustigem Dialekt. Hilflos wie Kinder, denen man alles erst beibringen muss. Vor allem die "Freiheit", denn so etwas kannten sie nicht. Zeit ihres Lebens wurden sie kontrolliert, gegängelt und bestraft. Im goldenen Westen sollte das alles anders werden.
Zuerst aber kam die "Aufklärung". Vergangenes Unrecht musste aufgearbeitet werden. Der Öffentlich-Rechtliche Rundfunk wob einen Schleier immerwährender "Aufarbeitung", bis die Ossis sich ihrer Herkunft zu schämen begannen. Man nahm ihnen nicht nur ihren Stolz und ihre Lebensart. Man nahm ihnen auch ihre Häuser, ihre Unternehmen, ihre Arbeitsplätze und deklarierte sie mit aller Selbstverständlichkeit zu Trotteln. Stets milde über die Köpfe dieser armen Menschen streichelnd, die sich so lange haben unterdrücken lassen. Jetzt sollten sie vom Westen lernen! Von freien Menschen, die sich so etwas niemals hätten gefallen lassen.
Hören auch Sie das leise Kichern im Hintergrund?
Alles, was die europäische Union und einige Staaten tun, ist nichts anderes als eine Theateraufführung, die inszeniert wird, um den Sicherheitspolitik Belarus zu untergraben, die so g. Opposition zu ihrem Hilfswerkzeug zu machen und geopolitische Kalkur herbeizuführen, um weiter an Russland zu gelangen und Russland zu isolieren."
Für Empörung Russlands und Weißrusslands sorgte ein Treffen der Außenminister der EU-Staaten mit der belarussischen Oppositionsführerin Swetlana Tichanowskaja. Russland verurteilte den Empfang der Gegnerin von Staatschef Alexander Lukaschenko als Einmischung in die inneren Angelegenheiten Weißrusslands.
Angesichts der Lage in Republik Belarus (Weißrussland) läuft das dem Ziel zuwider, die Stabilität wiederherzustellen", sagte die Sprecherin des russischen Außenministeriums, Marija Sacharowa.
"Unser Land hat es mit einem beispiellosen Druck von außen zu tun", sagte Regierungschef Roman Golowtschenko. Der Westen versuche, das Land ins "Chaos" zu stürzen. Aus dem Außenministerium hieß es, der Empfang sei eine Missachtung des belarussischen Volkes, das Lukaschenko am 9. August mit großer Mehrheit wiedergewählt habe. Die EU wies die Vorwürfe scharf zurück. Bei dem Frühstück mit Tichanowskaja am Montagmorgen sei es um

Demokratie und Menschenrechte gegangen, sagte der EU-Außenbeauftragte Josep Borrell. "Dies kann nicht als Eingriff in innere Angelegenheiten angesehen werden." Zudem machten mehrere Außenminister deutlich, dass sie bereit seien, den Kurs gegen Minsk noch einmal zu verschärfen. 21.9.2020

Inquisiton ist doch die "kulturelle Erbe" der westlichen Zivilisation

Der Schuldige ist verpflichtet nachzuweisen, das er NIHCHT SCHULDIG ist!

Kann er das nicht, ist er natürlich schuldig.

Weigert er sich, dann ist er ganz bestimmt schuldig. Wer so viel Lügen, Verleumdungen, Dreistigkeiten, Folter ... erträgt, muss vom Teufel besessen sein. Und das Gute ist moralisch verpflichtet das Böse zu vernichten.

Eines gilt es dabei allerdings zu bedenken: Die Ereignisse in Weißrussland können nicht losgelöst von der aktuellen Weltlage betrachtet werden, die nicht zuletzt durch eine neue, in erster Linie durch die Vereinigten Staaten entfachte geopolitische Rivalität zwischen dem Westen (USA und NATO) und Russland gekennzeichnet ist. Dieses erneute Gerangel um Macht- und Einflusssphären verschärft und überlagert überall im postsowjetischen Raum die internen Konflikte. Wirklich, von der Wurzel her, gelöst werden können die Spannungen in und um Belarus – wie auch in der Ukraine, Moldawien und Georgien – erst dann, wenn der erneute geopolitische Machtkampf zwischen dem Westen und Russland überwunden ist. Und dabei könnte ein Blick zurück nach vorne hilfreich sein.

Vor fast 30 Jahren, Ende November 1990, verabschiedeten alle europäischen Staaten, inklusive der Sowjetunion, den USA und Kanada die „Charta von Paris“, in der die NATO und der damals noch existierende Warschauer Pakt den Kalten Krieg für beendet erklärten und einander feierlich die Hand zur Zusammenarbeit reichten. Unter anderem einigten sich alle auf folgendes Prinzip: „Sicherheit ist unteilbar, und die Sicherheit jedes Teilnehmerstaates ist untrennbar mit der aller anderen verbunden.“ Die Sicherheit eines Staates kann demnach nie auf Kosten der Sicherheit Anderer erlangt werden. Diese Maxime bedeutet nichts anderes als den Bruch mit jeglicher Politik des Nullsummenspiels, bei dem der Gewinn der einen Seite zwingend den Verlust der anderen bedeutet.

Dieses Prinzip gilt es zu reaktivieren und endlich verbindlich umzusetzen. Anders formuliert: Die Zeit ist überreif für eine „Pariser Charta 2.0“! Der 30. Jahrestag, der 21. November 2020, wäre ein guter Anlass, dies wieder auf die politische Tagesordnung zu setzen. Die Friedensinitiativen in allen europäischen Ländern hätten hier den idealen Kompass für ein wichtiges Etappenziel.

Kommen wir zurück nach Belarus. Die weißrussische Opposition will in ihrer überwältigen Mehrheit nichts anderes als einen unabhängigen Staat, frei von Diktatur, mit guten Beziehungen zu Russland und zum Westen. Sie sollte daher jeglichen externen Hilfs-, sprich: Vereinnahmungsangeboten – sei es materiell, organisatorisch oder ideell – widerstehen. „Bunte Revolutionen“ liefen bislang nur auf den Versuch einer Ausdehnung der westlichen Einflusssphäre hinaus.

Dass Russland jedenfalls sehr wohl bereit sein kann, demokratische Umbrüche an seiner Peripherie zu tolerieren – sogar dann, wenn eigene Truppen im betreffenden Land stationiert sind –, solange Fragen der Geopolitik nicht tangiert werden, hat vor zweieinhalb Jahren die Revolution in Armenien gezeigt. Die von weitesten Kreisen der Bevölkerung getragene armenische Revolution – von Außenamtssprecherin Maria Sacharowa ausdrücklich gewürdigt –, hatte sich gegen eine durch und durch korrupte Politikerkaste gerichtet, die zusammen mit einer Handvoll Oligarchen und dem Beamtenapparat jahrzehntelang nahezu das gesamte Volk schamlos ausgeplündert, jegliche Reformen im Keim erstickt und damit einen Braindrain von mehr als einer Million Menschen zu verantworten hatte. Geopolitik spielte für die gewaltlosen Revolutionäre keine Rolle: Nicht mit Russland hat Armenien außenpolitische Probleme, sondern mit seinem zunehmend unberechenbarer werdenden NATO-Nachbarn im Westen und dessen engem Verbündeten im Osten.

Und voilà: Russland akzeptierte den Umbruch, der sich ohne Gewalt, demokratisch und im Einklang mit der Verfassung vollzog und arbeitet heute gut mit dem neuen Ministerpräsidenten Paschinyan zusammen!

1.1.5. Wahlen (....)

Dr. Ahmet Morkal

Wahlen: Die Wahlen in Weißrussland entsprechen seit Jahren nicht den Standards an freie und faire Wahlen. Die Wahlabläufe werden zwar regelmäßig nicht beanstandet. So bescheinigen Wahlbeobachter der GUS auch dieses Jahr, dass es keine Verletzungen der Wahlgesetze gegeben habe. Auch in den Wahljahren, in denen die OSZE Wahlbeobachter entsandt hat, werden keine Unregelmäßigkeiten festgestellt. Allerdings sind die Abläufe im Vorfeld der Wahlen nicht fair. Kandidaten werden nicht zugelassen und es gibt für die Opposition keinen gleichwertigen Zugang zu staatlichen Medien. Kritik an den Abläufen in Weißrussland ist daher berechtigt.
(...) Mit Wahlen ist das nicht zu verändern, sondern nur durch die organisierte Macht der Arbeitskollektive, die hier und jetzt ihre Klasseninteressen verteidigen. »Was wir brauchen, ist kein einmaliger Streik für freie Wahlen. Nötig ist eine Organisation, die die Arbeiter in Bewegung bringt, wann immer Chefs oder Eigentümer ›das Maß verlieren‹. Jeder von uns verbringt den größten Teil seines Tages am Arbeitsplatz, und genau dort, aus der Angst vor dem Verlust des Jobs, erwächst das am meisten knebelnde Gefühl der Unfreiheit.
Wir brauchen normale, permanent arbeitende Arbeiterorganisationen, die von Staatsmacht und Eigentümern unabhängig sind.

Es steht außer Frage, dass im Falle eines Umsturzes in Weißrussland dort ganz ähnliches passieren wird. Die jetzt stattfindenden Streiks schaden der Wirtschaft Weißrusslands massiv. Genau das ist das Ziel. Sollte eine neue Regierung im Anschluss beim Internationalen Währungsfond (IWF) um Kredite nachfragen, wird der diese an die üblichen Bedingungen knüpfen: Privatisierungen, sozialer Rückbau, freier Marktzugang für ausländische Unternehmen. Die Weißrussen werden statt Freiheit und Demokratie Arbeits- und Obdachlosigkeit kennenlernen. Für nicht anderes nämlich steht die breite Allianz westlicher Länder, die jetzt den weißrussischen Demonstranten ihre Solidarität versichert.
Aufklärung allerdings, was eine vertiefte Westanbindung für das Land bedeuten würde, sucht man auf der russischsprachigen Seite der westlichen Massenmedien vergebens.
Inzwischen fordern außer der AfD alle im Bundestag vertretenen Parteien weitere Sanktionen gegen Weißrussland. Ganz vorne mit dabei sind selbstverständlich die Grünen. Aber auch die Linke hat in diesem Zusammenhang ihre friedenspolitische Position aufgegeben und schließt sich der Forderung nach Einmischung in die inneren Angelegenheiten Weißrusslands an.

1.1.7. Der scheinheilige Westen im Bezug auf das weißrussische doppelte Elend

Pia Wolf

Diese Version ist jedoch unmöglich: In der DDR lief es ja letztendlich auch so.
Man hatte den Ost-Bürger damals mit Konsum gelockt und den süßen Versprechen des Westens und der D-Mark.
Und das ziemlich erfolgreich!
Die Schweinereien (Hartz IV, Agenda 2010) wurden dann erst nachher aus dem Sack gelassen.
Hätte man Hartz IV direkt 1990 eingeführt, hätte es einen Aufstand im Osten gegeben!
Also hat man ziemlich genau 10 Jahre gewartet und etwa so um 2000 dann schließlich die Sanktionen gegen die Arbeiterklasse nach und nach in Stellung gebracht:
Hartz IV, Leiharbeit, Zeitarbeit und so weiter ...
Nur Zufall?
Man hatte in den 90er-Jahren noch Angst, daß es sich der DDR-Bürger nochmal anders überlegt mit dem Kapitalismus, hätte man ihm damals schon die ganze Wahrheit des westlichens Systems aufgetischt.
Richtig ist:
Der Lebensstandard der Ost-Bürger (neue Bundesländer) ist natürlich heute trotzdem wesentlich besser, als es noch in der DDR war. Aber würde es heute nochmal eine Revolution und einen so bedingungslosen Beitritt zur BRD geben, wie noch 1989/1990?
Was und wie würden die DDR-Bürger verhalten und würden es sich da heute nochmal zweimal überlegen! Oder die Ukraine ?

Demos in Weißrussland: toll! In Berlin: Pfui!
Während die Demos in Weissrussland oder sogar gewalttätige Ausschreitungen in den USA unter dem Deckmäntelchen von BLM von Politik und Medien enthusiastisch gefeiert werden, ist eine Demo von zu 99% harmlosen Menschen, die um Grundrechte und Arbeitsplätze besorgt sind, politisch unerwünscht und wird mit allen zur Verfügung stehenden Mitteln der Berliner SED-Stadtregierung unterdrückt.

1.1.8. Das Vorhaben der Opposition in Weißrusland

Dr. Ahmet Morkal

In der Sitzung des Sicherheitsrates am Dienstag holte Lukaschenko zum Gegenschlag aus und las den Anwesenden vor laufenden Fernsehkameras aus einem angeblichen Reformpapier der oppositionellen Kandidatin Swetlana Tichanowskaja vor. Er nannte folgende Punkte:
Austritt aus dem Unionsstaat mit Russland, der Eurasischen Wirtschaftsunion und anderen Integrationsprojekten, die "Russland dominiert"

- Einführung von Kontrollen an der Grenze zu Russland
- Verbot, Infrastruktur an russische Firmen zu verkaufen
- Übertragung der Kontrolle über die Medien vom Staat auf den Koordinierungsrat
- Verbot russischer Fernsehsender, stattdessen Ausstrahlung ukrainischer und baltischer Kanäle
- Austritt aus dem Verteidigungsbündnis (die Organisation des Vertrags über kollektive Sicherheit) OVKS, Schließung russischer Militäreinrichtungen
- "Schleichendes" Verbot der russischen Sprache, strafrechtliche Verfolgung der "Beleidigung" der weißrussischen Sprache und Nichtanerkennung der Existenz eines weißrussischen Staates
- Wiederherstellung der Belarussischen Autokephalen Orthodoxen Kirche anstelle der Orthodoxen Kirche des Moskauer Patriarchats
- Einreichung von Anträgen auf Mitgliedschaft in der Europäischen Union und der NATO

OVKS : Das Militärbündnis verfügt über ein gemeinsames Hauptquartier in Moskau und über schnelle Eingreiftruppen (*Collective Rapid Reaction Forces, CRRF*). Die OVKS wurde am 7. Oktober 2002 in der moldauischen Hauptstadt Chișinău gegründet. Hervorgegangen ist sie aus einer mit dem Vertrag über kollektive Sicherheit (VKS) von 1992 begründeten Staatenkooperation.
Im Rahmen des turnusmäßigen Vorsitzes in der OVKS hat Tadschikistan den Gründungsvertrag am 23. Dezember 2003 bei den Vereinten Nationen gem. Art. 102 Abs. 1 der UN-Charta registriert.
Aufgabe des Bündnisses ist die Gewährleistung der Sicherheit, Souveränität und territorialen Integrität der Mitgliedstaaten. Dies soll vornehmlich durch eine enge Zusammenarbeit in der Außenpolitik, in militärischen Angelegenheiten, in der Erforschung neuer militärischer Technologien sowie in der Bekämpfung grenzübergreifender Bedrohungen durch Terroristen und Extremisten erreicht werden.[2] Darüber hinaus hat sich die OVKS der Förderung einer demokratischen Weltordnung auf der Grundlage der allgemeinen Prinzipien des Völkerrechts verschrieben.[3]
Zum Tätigkeitsrepertoire zählen bisher insbesondere gemeinsame militärische Manöver der Mitgliedstaaten. Seit 2011 arbeitet auch das Büro der Vereinten Nationen für Drogen- und Verbrechensbekämpfung (UNODC) eng mit der OVKS zusammen, wobei es um den Schmuggel von Heroin aus Afghanistan geht.[4]
Mitglieder der OVKS sind:
Armenien , Kasachstan Kirgisistan Russland Tadschikistan, Weißrussland
Beobachter sind:

- Afghanistan (seit 2013)
- Serbien (seit 2013)

Ehemalige Mitglieder sind:

- Aserbaidschan (1999 Vertrag nicht verlängert)
- Georgien (1999 Vertrag nicht verlängert)
- Usbekistan (1999 Vertrag nicht verlängert, Wiedereintritt im Juni 2006, erneuter Austritt im Juni 2012)

Lukaschenko ging auf jeden Punkt ein und kritisierte: "Austritt aus der OVKS? Da müssen wir unsere russischen Waffen aufgeben und von eigenem Geld NATO-Waffen kaufen! Wer beleidigt denn hier die weißrussische Sprache? Muss man jetzt wieder das Sprachproblem künstlich aufreißen? Wir werden jetzt in einen religiösen Konflikt hineingezogen!" Am selben Tag berichteten das weißrussische und das russische Staatsfernsehen über Lukaschenkos Fund.

Unterstützer der Opposition meldeten, dass das Reformpapier in Wirklichkeit nicht Teil des Tichanowskaja-Programms sei. Daher handele es sich um eine Fälschung.

Doch war es das? RT wurde durch mehrere Veröffentlichungen noch vor Lukaschenkos Auftritt auf das Dokument aufmerksam. Unsere Recherche zeigt: Der Text, aus dem Lukaschenko zitierte, stammt aus dem Artikel "Reform des nationalen Sicherheitssektors" und wurde auf der Website zabelarus.com auf Russisch veröffentlicht. "Za Belarus" bedeutet "Für Belarus", auf dieser Webseite wurden verschiedene Reformvorschläge aus dem Umkreis der Oppositionskandidatin Tichanowskaja unter der Überschrift "Reanimationspaket der Reformen in Belarus"[36] veröffentlicht. Jetzt ist die Seite nicht mehr verfügbar, eine Kopie gibt es aber noch im Cache.

Unterstützer der Opposition meldeten, dass das Reformpapier in Wirklichkeit nicht Teil des Tichanowskaja-Programms sei. Daher handele es sich um eine Fälschung:

Doch war es das? RT wurde durch mehrere Veröffentlichungen noch vor Lukaschenkos Auftritt auf das Dokument aufmerksam. Unsere Recherche zeigt: Der Text, aus dem Lukaschenko zitierte, stammt aus dem Artikel "Reform des nationalen Sicherheitssektors" und wurde auf der Website zabelarus.com auf Russisch veröffentlicht. "Za Belarus" bedeutet "Für Belarus", auf dieser Webseite wurden verschiedene Reformvorschläge aus dem Umkreis der Oppositionskandidatin Tichanowskaja unter der Überschrift "Reanimationspaket der Reformen in Belarus" veröffentlicht. Jetzt ist die Seite nicht mehr verfügbar, eine Kopie gibt es aber noch im Cache.

Die Variante desselben Textes in weißrussischer Sprache wurde auf der Webseite reformby.com veröffentlicht. Auf diese Seite verweist die Seite mit dem Wahlprogramm Tichanowskajas. Reformby.com wird als Plattform beschrieben, auf der "die besten Experten, Parteien und öffentlichen Organisationen", die mit der Opposition zusammenarbeiten, Programme für die Entwicklung von Belarus anbieten. Dieser Text ist seit dem 16. August ebenfalls nicht mehr verfügbar, eine Kopie findet sich aber noch im Webarchiv. Als Autor dieses Textes wird Alexei Janukewitsch angegeben. Janukewitsch ist langjähriger Vorsitzender der Oppositionspartei Partija BNF, zu Deutsch etwa "Partei der Weißrussischen Volksfront". Jetzt ist er Vizevorsitzender der Partei. Sein Artikel beginnt mit der folgenden Präambel:

Jetzt ist er Vizevorsitzender der Partei. Sein Artikel beginnt mit der folgenden Präambel:

„Die wichtigsten Bedrohungen für die nationale Sicherheit gehen von der zunehmenden Aggressivität der Außenpolitik des Kreml, der Teilnahme von Belarus an postsowjetischen Integrationsprojekten unter der Schirmherrschaft Russlands, der Dominanz der russischen Medien im Informationsraum und dem niedrigen Niveau des Nationalbewusstseins der Weißrussen aus.“ "[37]

Sinn und Zweck seiner "Reform" besteht im sofortigen Bruch mit Russland – inklusive des Verbots prorussischer Medien und NGOs bis zum Jahr 2021, einer Turbo-Belorussifizierung, Derussifizierung und "Dekommunisierung und Desowjetisierung" sowie der Umstellung der

---

36 webcache.googleusercontent.com/search?q=cache:DCjwMwpgTKkJ:zabelarus.com/ru/2020/06/25/security-2/+&cd=1&hl=ru&ct=clnk&gl=ru

37 webcache.googleusercontent.com/search?q=cache:DCjwMwpgTKkJ:zabelarus.com/ru/2020/06/25/security-2/+&cd=1&hl=ru&ct=clnk&gl=ru

Armee auf NATO-Standards bis zum Jahr 2025 und dem Antrag auf Mitgliedschaft in EU und NATO bis zum Jahr 2030. Weißrussland soll auch Mitglied des regionalen Bundes "Intermarium" mit Polen, Litauen und Ukraine werden.
Die Partija BNF wurde 1988 gegründet, damit ist die Partei die älteste kontinuierlich existierende Partei der Republik. Sie bekennt sich zum belarussischen Nationalismus auf Grundlage glühender Russophobie. Wie diese begründet wird, zeigt der Artikel "Russisch-belarussischer Krieg" des Parteigründers und bekanntesten Widersachers von Präsident Lukaschenko Senon Posnjak aus dem Jahr 2004:
Der russisch-belarussische ewige Zivilisationskrieg wird nicht enden, solange das Russische Reich existiert. Einfache Logik legt nahe, das Russische Reich zu beseitigen. Nur unter dieser Bedingung wird es Belarus möglich sein, frei zu leben und sich frei zu entwickeln. Die oberste Aufgabe der Liquidierung des Russischen Reiches sollte der belarussischen Politik in Fleisch und Blut übergehen und zum belarussischen nationalen Interesse werden. (...) Das Imperium muss zerstört werden.
Doch die politischen Ziele der Partija BNF beruhen auch heute auf derselben ideologischen Grundlage wie vor zehn oder 20 Jahren – russophobem Nationalismus. Im April 1995 protestierte er mit einem Hungerstreik im Parlamentssaal gegen das vom damals neu gewählten Präsidenten Lukaschenko initiierte Referendum über die Einführung des Russischen als zweite Amtssprache, die Änderung der nationalen Symbole von Belarus (der weiß-rot-weißen Flagge und des Wappens "Pogonja") in leicht modifizierte Symbole der BSSR (das derzeitige Wappen und die Flagge der Republik Belarus), die Integration mit der Russischen Föderation und das Recht des Präsidenten, das Parlament aufzulösen. 83 Prozent der Bürger sprachen sich damals für Russisch als Staatssprache und eine engere Integration mit Russland aus.

1.1.9. Was will die Opposition ?

Dr. Ahmet Morkal

Wirtschaftspolitisch setzen sie auf radikale liberale Reformen und Privatisierung der staatlichen Industrieunternehmen.

Die zentralen Figuren der weißrussischen Opposition sind mit westlichen NGOs verbunden und werden direkt vom Westen gesteuert und beeinflusst. Litauen nimmt hier eine zentrale Rolle ein. Diese Beeinflussung umfasst auch, das westliche, marktradikale Modell als künftiges Wirtschaftsmodell für Weißrussland anzubieten – Öffnung der Märkte für ausländisches Kapital, Rückbau des Sozialstaates, Steuersenkungen für Unternehmen. Ein freier Markt wird im Westen seit Dekaden als Lösung für alle Strukturprobleme gesehen. Eine deutsche NGO, die sich zum Ziel gemacht hat, diese recht naive Sicht auf die Dinge in der Welt nicht nur zu verbreiten, sondern auch umzusetzen, ist die CDU-nahe Konrad-Adenauer-Stiftung.
Wie schon beim Putsch in der Ukraine sind auch in Weißrussland die Verbindungen zur Opposition deutlich. So hat die Christdemokratin Olga Kowalkowa, die als Sprecherin von Präsidentschaftskandidatin Tichanowskaja fungiert und eine zentrale Rolle im von der Opposition gegründeten Koordinationsrat zur Übergabe der Macht innehat, Verbindungen zur Konrad-Adenauer-Stiftung.

Ziel der äußeren Einmischung der EU unter dem Titel "Stärkung der Zivilgesellschaft", für die sie Gelder zur Verfügung stellt, ist zweifellos eine Implementierung von marktradikalen Ideen als Allheilmittel für die Probleme der weißrussischen Gesellschaft.

Aber auch ohne aktive Hinwendung zum Marktradikalismus sieht ist es im Fall eines Machtwechsels für die Zukunft der weißrussischen Wirtschaft schlecht aus. Der aktuelle Plan der Opposition ist, die Wirtschaft des Landes durch landesweite Streiks in die Knie und damit Lukaschenko als Machthaber zum Aufgeben zu zwingen. Dieser hat angesichts der Corona-Pandemie auf einen Lockdown aus gesamtwirtschaftlichen Überlegungen heraus verzichtet. Diesen Lockdown der Wirtschaft will die Opposition jetzt erzwingen, wenn auch nicht aus epidemiologischen, sondern aus politischen Gründen. Das Argument, mit dem Lukaschenko den Verzicht auf einen allgemeinen Lockdown angesichts der Corona-Pandemie begründete, war, dass sich das Land einen Stillstand ökonomisch nicht leisten kann, ohne dass damit eine weitere Absenkung des allgemeinen Lebensstandards verbunden wäre.
Jetzt will die Opposition den ökonomischen Stillstand und das Absenken des allgemeinen Wohlstandsniveaus als Mittel zur Absetzung Lukaschenkos einsetzen. Das, was westliche Sanktionen in Venezuela, Syrien und Iran von außen bewirken sollen, nämlich eine breite Verarmung und Verelendung der Bevölkerung, mit dem Ziel, eine Revolte gegen die jeweiligen Regierungen zu entfachen, will die weißrussische Opposition über das Mittel von Streiks herstellen. Gelingt das, werden die Konsequenzen für die weißrussische Gesellschaft weitreichend sein. Es kann davon ausgegangen werden, dass eine wirtschaftliche Umgestaltung Weißrusslands zum westlich neoliberalen Modell mit all seinen Folgen sich dann nahezu automatisch ergeben wird.

Doch die Proteste in Weißrussland sind zweifellos den Farbenrevolutionen in den Ländern der ehemaligen Sowjetunion ähnlich. Deutlich zu beobachten ist, dass die Proteste perfekt organisiert sind und es an Geldmitteln für Großaktionen nicht mangelt. Zwei Staaten - Polen und Litauen - treten - stellvertretend für den Westen - als Paten der Protestbewegung auf. Litauen, Lettland und Estland verhängten Reisebeschränkungen für 30 weißrussische Amtsträger.
Doch der russische Außenminister Sergej Lawrow fürchtet, dass ukrainische Nationalisten die Situation durch "Provokationen" eskalieren könnten. Am 2. September erklärte Lawrow auf einer Pressekonferenz in Moskau, auf der auch der weißrussische Außenminister Wladimir Makej auftrat, man wisse, dass sich bereits 200 ukrainische Nationalsten in Weißrussland befinden. Diese Nationalisten seien auf Übungsplätzen im westukrainischen Gebiet Wolhynien und im ostukrainischen Gebiet Dnjepropetrowsk trainiert worden. Es handele sich um Mitglieder der paramilitärischen Organisationen Nationaler Korpus, Rechter Sektor, C14 und "Dreizack Stepan Bandera".[38]

Doch es gibt Hinweise, dass die ukrainischen Nationalisten die weißrussische Opposition unterstützen. Der bekannte ukrainische Rechtsradikale Andrej Bilezki, der 2016 die paramilitärische Organisation Nationaler Korpus und 2014 das Asow-Bataillon gründete, erklärt Mitte August auf seinem Telegramm-Kanal, man werde den weißrussischen Brüdern helfen. Mit pathetischen Worten erinnerte Bilezki daran, dass weißrussische Nationalisten 2013/14 den Maidan in Kiew unterstützten. Viele "mutige Weißrussen" hätten auch mit ihm in der Ost-Ukraine gegen die Russen gekämpft. "Darum stehen wir, Ukrainer, gegenüber euch (Weißrussen) in der Schuld", erklärte der Asow-Gründer. (https://english.gordonua.com/news.html) Von der weißrussischen Oppositionsführerin

---

38 paramilitärische Organisationen Nationaler Korpus, Rechter Sektor, C14 und "Dreizack Stepan Bandera

Swetlana Tichanowskaja hält Bilezki indes nichts. Sollte sie an die Macht kommen, werde Weißrussland "nicht weniger in die russische Zange kommen, wie unter Lukaschenko".

1.1.10. Das Maiden-Szenario ist in Kiew gescheitert !

Dr. Ahmet Morkal

Die EU will in erster Linie das Land langfristig aus dem russischen Orbit heraus- und in den eigenen hereinholen.
Eine Bindung zu Europa ist der Ukraine nach der Machtergreifung im Jahr 2014 nicht gelungen. Die Tür nach Europa bleibt weiter verschlossen, trotz Reformversuchen bleibt die Ukraine für die EU viel zu korrupt und allenfalls zum Plündern geeignet. Es sieht auch nicht danach aus, als würde sich irgendwas daran ändern. Dieser Zustand kann nicht ewig anhalten, die werden schon noch wieder zur Vernunft kommen. Andere Eliten, die im Moment kaltgestellt sind werden das Ruder übernehmen und die Beziehungen zwischen Russland und Ukraine werden sich wieder normalisieren.
Das Versprechen von Wohlstand und Aufschwung hat sich mit der Zuwendung zum Westen auch hier nicht erfüllt.

Und Inzwischen ist es in den deutschen Medien recht still geworden um die Ukraine. Das hat seine Ursache in der Tatsache, dass die Ukraine von westlichen Werten, von Demokratie, Rechtsstaatlichkeit und Freiheit weiter entfernt ist als jemals zuvor. Im Gegenteil kippt die Ukraine gerade in einen Totalitarismus und zerstört im Land alles, was unter dem Titel "europäische Werte" zusammengefasst werden könnte. Dass die deutschen Medien hierzu schweigen, lässt Rückschlüsse darauf zu, wie eingebunden sie in die Politik des Regime-Changes waren.

Seit dem Ende der Sowjetunion durchlebte das Land zwei Kriege und eine andauernde wirtschaftliche Stagnation. Zwischen 1995 und 1997 stieg das Produktionsvolumen auf etwa 30 Prozent des Niveaus zu Sowjetzeiten. Heute liegt die Armutsrate trotz leichter Verbesserung immer noch bei gut 14 Prozent, gut 19 Prozent leben - vor allem auf dem Land - in extremer Armut.
Wie wenig nachhaltig die Wirtschaft ist, zeigt sich in der Corona-Krise, die das Land mit dem Zusammenbruch des Tourismus hart getroffen hat. Die Nahrungsmittelversorgung ist nach wie vor nicht gelöst. Kein Wunder, dass die georgische Autorin Iunona Guruli eine düstere literarische Bilanz zieht.
Die Protestmethodik und die Zerrüttung seines Systems – mit massiver Unterstützung von außen – erinnern an den ukrainischen Maidan der Jahre 2013/2014 und den anschließenden Staatsstreich – mit schwerwiegenden Folgen für Wirtschaft, Demokratie, inneren Frieden und europäische Sicherheit. Das Abkommen zwischen dem ukrainischen Präsidenten Wiktor Janukowitsch und der Opposition unter Vermittlung von Frank-Walter

Steinmeier und zwei weiteren EU-Außenministern brachen die bewaffneten Aufständischen schon nach wenigen Stunden.
Die Fähigkeit, solche Parallelen zu erkennen und darüber zu sprechen, gehörte lange zum außenpolitischen Profil der Linkspartei. Nun will sie in die Regierung. Wie viel bleibt dann noch von den Kernkompetenzen der Partei übrig? Die Krise in Weißrussland wird das zeigen.
Alle Versuche der EU, die Oligarchen- und Vetternwirtschaft zu durchbrechen, sind krachend gescheitert.
Den ersehnten politischen und wirtschaftlichen Anschluss an die EU hat Kiew nie gefunden, die historischen Bande zu Russland indes gekappt: Der Handel mit dem östlichen Nachbarn ist von 38 Milliarden US-Dollar in 2013, dem Jahr vor dem Maidan-Aufstand, auf 11,7 Milliarden US-Dollar eingebrochen. Die einst 44 Milliarden US-Dollar Handelsvolumen mit der EU wurden nie mehr erreicht.
Die Ukraine hat heute vor allem ein Exportgut: Arbeitsmigranten für die EU, Frauen bleibt die Perspektive als "Gebärmaschinen" für kinderlose westliche Paare. Der zaghafte Aufschwung fußt vor allem in der Etablierung des Landes als verlängerte Werkbank im erweiterten Euro-Wirtschaftsraum, etwa bei der Produktion von Kabelbäumen für die EU-Autoindustrie oder der Textilfertigung. Die Armut könnte, so die Prognose des UN-Kinderhilfswerks Unicef, die 50-Prozent-Marke durchbrechen.
Allerdings habe sie zur Kenntnis nehmen müssen, dass das Maiden-Szenario sich nicht so einfach aus Kiew nach Minsk übertragen lasse: Die harte Repression der erste Tage habe der Opposition deutlich gemacht, dass sie die direkte Gewaltkonkurrenz gegen die Staatsmacht nicht gewinnen könne. „Und ich sehe in Belarus keinen akuten antirussischen Nationalismus, an den eine direkte Eskalation anknüpfen könnte.
Die weißrussischen Präsidentschaftswahlen 2015 hatte der Westen trotz der Demonstrationen anerkannt, obwohl Lukaschenko die Ergebnisse schon damals gefälscht haben dürfte. Warum? Lauterbach schließt nicht aus, dass Lukaschenkos antirussische Position zur Krim und dem Donbass einer der Gründe gewesen sei. „Die EU hat Lukaschenko nie gemocht, aber er war ihr nützlich. Jetzt ist er ihr, geschwächt wie er ist, auch nicht mehr nützlich.“ Andererseits hat die EU laut Lauterbach nicht viele direkte Einwirkungsmöglichkeiten: Der Handel ist gering, allgemeine Wirtschaftssanktionen sollen nicht kommen, weil sie „die Bevölkerung treffen“ würden. Dann würden die sogenannten „persönlichen Sanktionen“ bleiben, aber die hätten gegenüber Russland bisher auch nicht viel bewirkt.
dass Russland ihm wieder mal ökonomisch aus der Patsche hilft und er für Moskau weiterhin das kleinere Übel ist.“

II. KAPITEL

2.2.1. Ökonomischer Schaden in Belarus

Dr. Ahmet Morkal

Die ökonomischen Daten Weißrusslands sind trotz eines wirtschaftlichen Einbruchs im vergangenen Jahr und jetzt durch Corona insgesamt gut. Die Staatsverschuldung ist niedrig, es gibt Vollbeschäftigung und einen hohen Grad an Gleichheit und sozialer Sicherheit. Es

gibt keine wirtschaftlich und politisch einflussreichen Oligarchen, wie sie die Politik Jelzins in Russland in den neunziger Jahren hervorgebracht hat und wie sie auch heute noch in der Ukraine existieren.
Hier öffnet sich für die Weißrussen die tragische Konstellation, denn so sehr der Wunsch nach einer Ablösung Lukaschenkos nach 26 Jahren an der Spitze auch verständlich sein mag, steht damit auch dieser relative Wohlstand des Landes auf dem Spiel. Zum einen machen Dokumente, die auf der Webseite der Präsidentschaftskandidatin Swetlana Tichanowskaja platziert waren, deutlich, dass die Opposition für marktradikale Ideen offen und zudem bereit ist, eine Loslösung der wirtschaftlichen und politischen Verbindungen zu Russland zu diskutieren. Diese Verbindungen sind vielfältig und tief.
Weißrussland ist mit Russland in einer Zollunion verbunden. Russland ist der wichtigste Handelspartner. Eine Loslösung von Russland, die Aufkündigung der Verträge, zöge für die weißrussische Wirtschaft starke Verwerfungen nach sich, die kaum durch eine Hinwendung zur EU ausgeglichen werden könnten. Das Beispiel Ukraine zeigt, dass die EU zwar den Zugang zum ukrainischen Markt schnell zum eigenen Vorteil nutzt, dass der Marktzugang der Ukraine zu den Ländern der EU aber nur sehr zögerlich hergestellt werden kann. Dieses Ungleichgewicht ist ein deutlicher Nachteil für die Ukraine und mit ein Grund für ihren wirtschaftlichen Niedergang.

Aleksandr Lukaschenko hat in Weißrussland eine Art Mini-Sowjetunion geschaffen. In den 1990er Jahren gab es in Weißrussland keine Privatisierung der Schlüsselindustrien wie in allen anderen ehemaligen Sowjetrepubliken. Der weißrussische Staat sorgte für die regelmäßige Zahlung von Löhnen und Renten, was in den meisten ehemaligen Republiken der Sowjetunion in den 1990er Jahren und auch später keine Selbstverständlichkeit war. In Weißrussland gibt es heute keine massiven sozialen Unterschiede und keine Superreichen wie in Russland. Lukaschenko stellte sich als jemand dar, der „das Beste, was es in der Sowjetunion gab", erhält.
Die wirtschaftliche Entwicklung in Weißrussland hat in den letzten Jahren jedoch einen Einbruch erlitten. Die Wirtschaften von Weißrussland und Russland sind eng verbunden und der Konjunktureinbruch in Russland durch den gesunkenen Gas- und Ölpreis sowie die Corona-Krise verminderten die Absatzchancen für weißrussische Industrieprodukte in Russland. Die Hälfte des weißrussischen Exports geht nach Russland.
Zusätzlich problematisch für Weißrussland wurde, dass man sich mit Russland seit 2019 nur noch fallweise auf Preise für Öl- und Gaslieferungen aus Russland einigen konnte. Weißrussland fühlt sich benachteiligt gegenüber Öl- und Gaskunden in Russland und Deutschland. Weißrussland kauft nun vermehrt Öl aus dritten Ländern ein, zuletzt aus Aserbeidschan.

Der Austritt von Belarus aus der EAWU wird zur Insolvenz von Unternehmen und Massenentlassung führen. Diese Meinung äußerte der Ökonom, Magister der politischen Wissenschaften, Dozent der Belarussischen Staatlichen Wirtschaftsuniversität, Wiktor Sajewitsch, im Gespräch mit einem BelTA-Korrespondenten.
„Wenn Belarus aus der EAWU austritt, wird Folgendes geschehen: Der Markt der EAWU-Länder, der uns weitgehend aufgrund dieser Integration offen steht, wird praktisch verloren gehen, und der Verlust des Marktes für unsere Waren, der mehr als 50% unserer Exporte ausmacht, wird unmittelbar zur Zahlungsunfähigkeit einer großen Zahl von Unternehmen, ihrer Schließung und der Entlassung von Arbeitnehmern führen", sagte der Experte.
Der Wirtschaftswissenschaftler bemerkte, dass Belarus bei der Integration präferenzielle Energieressourcen in erster Linie von Russland erhält. „Diese Vorteile senken den Preis der belarussischen Waren, die nicht nur auf dem EAWU-Markt gefragt sind. Außerdem werden Ölprodukte für den Export nach Westeuropa geschickt, was enorme Deviseneinnahmen

bedeutet. Vor allem dank dieser bevorzugten Energieressourcen haben wir recht gute Deviseneinnahmen erzielt", erklärte er.
Der Austritt von Belarus aus der EAWU werde zu enormen finanziellen Verlusten, Verarmung und Hunderttausenden von Arbeitslosen führen, was wiederum soziale Turbulenzen nach sich ziehen werde, resümierte Wiktor Sajewitsch.

2.2.2. Wirtschaft

Dr. Ahmet Morkal

Ebenfalls auf Lukaschenko abgesehen hat es The Economist vom 15.8.2020, die Bibel der neoliberalen Globalisten. Diese Woche prangerte das Magazin die "Reaktion des Westens" auf die Geschehnisse in Weißrussland als "schwächlich" an.
Dort bezeichnete man Lukaschenko als "einen 65 Jahre alten Diktator". Die Sprache des Economist war in letzter Zeit ungewöhnlich emotional und zeigte, dass man dort unbedingt einen Regimewechsel in Minsk will. Doch im Januar 2019 bezeichnete das Blatt den weißrussischen Präsidenten noch deutlich respektvoller als "Mr. Lukaschenko"; er sei "kein gewöhnlicher Politiker". Damals dachte man dort wohl, er würde Wladimir Putin verärgern und "sich an den Westen herankuscheln"."[39]
Der Verdacht kommt auf, dass man bei The Economist nicht ganz so verärgert wäre, wenn Lukaschenko verkündet hätte, mit 80 Prozent der Stimmen gewonnen zu haben, dann aber angekündigt hätte, er werde umgehend einen Antrag auf Beitritt zur NATO und zur EU stellen und die gesamte Wirtschaft an das westliche Finanzkapital ausverkaufen sowie eine COVID-Sperre verhängen.
Heuchelei legte auch die durch und durch großartige EU-Kommissionspräsidentin Ursula von der Leyen an den Tag. "Wir brauchen zusätzliche Sanktionen gegen diejenigen, die die demokratischen Werte in Weißrussland verletzt oder die Menschenrechte missachtet haben. Ich bin zuversichtlich, dass die heutige Diskussion der EU-Außenminister unsere starke Unterstützung für die Rechte der Menschen in Weißrussland auf grundlegende Freiheiten und Demokratie demonstrieren wird", erklärte von der Leyen auf Twitter.
We need additional sanctions against those who violated democratic values or abused human rights in #Belarus.

I am confident today's EU Foreign Ministers' discussion will demonstrate our strong support for the rights of the people in Belarus to fundamental freedoms & democracy.
— Ursula von der Leyen (@vonderleyen) August 14, 2020
Wir warten natürlich noch immer gespannt auf die EU-Sanktionen – zusätzliche oder anderweitige – gegen Spanien wegen des scharfen Vorgehens der Behörden gegen katalanische Demonstranten im Jahr 2017 und die Inhaftierung von neun Separatistenführern.

---

39 The Economist vom 15.8.2020:www.economist.com/leaders/2020/08/15/belaruss-election-was-a-sham-the-wests-response-has-been-feeble

Oder auch auf Sanktionen gegen Frankreich wegen der Brutalität gegen die Demonstrationen der Gelbwesten, die keine Erlaubnis von den Globalisten eingeholt hatten. Oder Gegen England, weil Julian Asange (wiki) seit Monaten in der Einzelhaft festgehalten wird.

Belarus hat ja 25 Jahre lang von russischen Subventionen profitiert und darüber einen relativ stabilen Lebensstandard garantieren können - auch wenn der seit 2010 stagniert und insofern seinen „Zauber“ für die Bevölkerung verloren hat. Woran man sich gewöhnt hat, das weiß man irgendwann nicht mehr zu schätzen.“ Dass Russland in den letzten Jahren die Schraube angezogen habe und nun politische Konzessionen als Gegenleistung für wirtschaftliche Hilfe verlange, dazu sei Lukaschenko bisher nicht bereit gewesen.
„Da er jetzt auch nicht das Geld hat, um die Bevölkerung mit weiteren Sozialleistungen zu ‘kaufen’, appelliert er ständig an den situativen Konservatismus von Leuten, die ein bisschen was zu verlieren haben, und sagt, ohne ihn werde alles nur schlimmer“. Das Problem sei aber, dass er sich mit seinem 500-Dollar-Versprechen (für ein durchschnittliches Gehalt im Land - Anm. d. Red.) auf eine konkrete Zahl festgelegt habe und jetzt nicht in der Lage sei, dieses Versprechen zu erfüllen. Auch mit seinen angeblichen 80 Prozent Zustimmung bei der Wahl habe er den Bogen offenkundig überspannt.

2.2.3. Das Potential sozialer und politischer Unzufriedenheit

Dr. Ahmet Morkal

Das Potential sozialer und politischer Unzufriedenheit, das sich seit Jahren oder sogar Jahrzehnten angestaut hatte, musste in der Wirtschaftskrise unweigerlich zum Vorschein kommen, und dass eine revolutionäre Situation heranreifte, war schon während des Wahlkampfes unübersehbar, als die Leute zu Tausenden zu den Kundgebungen der Opposition kamen und die reale Unterstützung der Staatsmacht auf 15 Prozent geschätzt wurde.
Dass die Einmischung in die inneren Angelegenheiten Weißrusslands dieses Mal so deutlich vehementer ausfällt als in den vergangenen Jahren, hat vermutlich auch mit dem schwindenden Einfluss des Westens zu tun. Es ist ein Aufbäumen, um den eigenen Niedergang noch ein bisschen hinauszuzögern und einen Status Quo festzuzurren. Sollte der Machtwechsel in Weißrussland gelingen, wird als eins der ersten Themen der Ausstieg Weißrusslands aus der Eurasischen Wirtschaftsunion auf der Tagesordnung stehen. Das würde zwar Weißrussland ökonomisch großen Schaden zufügen, aber damit ließe sich der Aufstieg Russlands ein bisschen abbremsen. Auch mit dem Putsch in der Ukraine gelang es, die Ukraine dauerhaft vom Beitritt in die wachsende und an Einfluss gewinnende Wirtschaftsunion abzuhalten. Die Ukraine hat sich wirtschaftlich völlig auf die EU ausgerichtet und ist dabei alle ökonomischen Verbindungen zu Russland zu kappen. Das Ergebnis ist deutlich sichtbar - die Ukraine liegt wirtschaftlich am Boden, ist faktisch bankrott und hängt am Finanztropf ausländischer Geldgeber und damit erpressbar.
Die Hinwendung zum Westen werden die Weißrussen mit der Preisgabe ihrer Souveränität und ihrem vollständigen wirtschaftlichen Niedergang bezahlen, der ihr Land der Armut preisgibt. Aus der eigentlich reichen Ukraine hat deren westliches Abenteuer in wenigen

Jahren eins der ärmsten Länder Europas gemacht. Wer glaubt, in Weißrussland wäre das anders, wird sich getäuscht sehen. Selbst die Kernländer der Europäischen Union sind aufgrund ihrer ökonomischen Ausrichtung nicht in der Lage und auch politisch nicht gewillt, wachsende Armut und Ungleichheit bei sich zu Hause zu verhindern.
Umso weniger ist das ihr Interesse in der Peripherie. Die EU errichtet in ihrem Osten einen Armutsgürtel bestehend aus der Ukraine, den baltischen Staaten und jetzt eben Weißrussland, um sich einen Zugang zu billiger Arbeitskraft und zu Absatzmärkten zu sichern. Es ist seit Jahren das wirtschaftliche Überlebensmodell der baltischen Staaten, Arbeitskraft im Niedriglohnbereich in andere EU-Länder zu exportieren, es wurde das Geschäftsmodell der Ukraine und es wird das Modell von Weißrussland werden.
wenn sich Weißrussland der EU und dem Westen zuwendet - die völlige Ausbeutung des Landes, eine Pleitewelle der Industrie, der Verfall der Infrastruktur, kurz: der völlige wirtschaftliche Niedergang. Lukaschenko hat diese reale Gefahr in einer Rede geradezu beschworen und er hat damit völlig recht.
Demokratie und Freiheit werden dagegen auf sich warten lassen, denn die westlichen Werte sind nirgendwo so sehr in der Krise wie im Westen selbst. Für die Weißrussen wäre daher ein nationaler Dialog zwischen den unterschiedlichen Parteien und das Aushandeln von Änderungen und Reformen die deutlich bessere Lösung als das Vertrauen auf Unterstützung aus der EU. Gegen solch eine Lösung des Konflikts, gegen die Marginalisierung ihres Einflusses werden sich die EU und die entsprechenden NGOS jedoch unmittelbar zur Wehr setzen. Sie sind an einer Beilegung des Konflikts nicht interessiert.
Es wird eine zweite Ukraine.....
Nach Ansicht des russischen Außenministers Sergej Lawrow will der Westen Weißrussland nach seinem eigenen Modell gestalten.
Vor dem Hintergrund der Vermittlung des Westens in postsowjetischen Ländern wies der russische Außenminister auf die Ereignisse in der Ukraine im Jahr 2004 und 2014 hin.

„Die Verhandlungsunfähigkeit unserer westlichen Partner ist die Tatsache, die wir jetzt in Kauf nehmen müssen, und auch nicht nur wir. Genau jetzt, wo der Westen versucht, Weißrussland nach eigenem Modell zu gestalten und seine Vermittlung dabei anbietet. Natürlich werden wir jede Entscheidung der weißrussischen Regierung über den Dialog mit der eigenen Bevölkerung akzeptieren, aber wenn der Westen sagt, dass ein Vermittlungsverfahren unter Teilnahme von europäischen Ländern effektiv sein wird, erinnert man sich an die Situation in der Ukraine, wo die westliche Vermittlung zur absoluten Verhandlungsunfähigkeit unserer Partner führte“, sagte Lawrow. [40)] Zudem äußerte Lawrow die Meinung, dass man auf die weißrussische Oppositionskandidatin Swetlana Tichanowskaja Druck ausgeübt habe, was im Endeffekt dazu geführt habe, dass sie ihre Mitteilungen öfter auf Englisch zu machen begann. Zum Schluss betonte der russische Außenminister, dass die Situation in Weißrussland jetzt zur Ruhe komme, was einigen weißrussischen Oppositionellen, die sich in westlichen Ländern befinden, nicht gefalle. Laut Lawrow wollen diese ein blutiges Szenario im eigenen Land, was Russland für „verbrecherisch“ halte.

Die Vorgänge in Weißrussland erinnern an die Ukraine. Das letzte Beispiel ist selbstredend die Ukraine. Und Weißrussland ist strategisch sehr wichtig. Weil Weißrussland für Russland als Schutzschild an der Grenze zu Nato-Staaten besonders wichtig ist.
In der Ukraine gab es 2013 berechtigte Kritik an der Macht. Aber diese berechtigte Kritik wurde in der Ukraine von Oligarchen und deren Medien hochgepuscht sowie massiv von westlichen Mächten und Stiftungen finanziert, medial unterstützt und in eine anti-russische Richtung gelenkt.

---

40 Sputnik Deutschland vom 23.8.2020

„Die Staatsmacht in Belarus hatte große Angst vor einem „Maidan“. Seit 2014 waren alle Anstrengungen der Geheimdienste und der Exekutivorgane darauf gerichtet, eine Wiederholung dieses Szenarios zu verhindern. Und man muss sagen: Das haben diese Organisationen sehr professionell erreicht. Sie haben alle Erfahrungen der ukrainischen Krise studiert, die richtigen Schlussfolgerungen gezogen und hatten allen Grund zur Annahme, dass auch ernsthafte Proteste nach maximal zwei bis drei Tagen unter Kontrolle zu bringen wären.
Allerdings müssen sich jene Vertreter im Westen, die jetzt freie und faire Wahlen in Weißrussland anmahnen, den Vorwurf gefallen lassen, es ginge ihnen nur vorgeblich um demokratische Standards. Das Beispiel an dem das deutlich ausgeführt werden kann ist das Nachbarland Weißrusslands, die Ukraine. Sie kann als warnendes Beispiel gelten, denn seit der “Revolution der Würde” im Jahr 2014, in der nach westlicher Lesart ein korrupter Despot von einer demokratischen Graswurzelbewegung, die sich nach westlicher Freiheit und EU-Anbindung sehnte, aus dem Amt getrieben wurde, ist das Land im freien Fall. Es tobt ein Bürgerkrieg, die Wirtschaft ist ruiniert, der Lebensstandard der Mehrheit ist weit abgesunken und so ziemlich alles, was nach Demokratie und Freiheit aussehen könnte, ist aus der Ukraine verschwunden. Es herrscht Zensur, es gibt Pogrome und Ausschreitungen, das Internet ist streng reguliert. Die Friedensbemühungen im Rahmen des Minsker Abkommens hintertreibt die Ukraine inzwischen ganz offen, ohne dass der Westen auf Einhaltung der Absprachen drängen würde. Er scheint mehr Interesse an einem eingefrorenen Konflikt dort zu haben.
also noch ein bankrotter, gescheiterter Staat, der dann vom IWF ausgenommen wird. Bisher kam es in solchen Fällen jedenfalls immer so.
Die Taktik der USA ist natürlich auch hier, die Wirtschaftsbeziehungen jedes Landes zu Russland oder China zu erschweren oder ganz zu unterbinden. Bisher gibt es in Russland viele gern gekaufte Produkte aus Weißrussland. Sollte dieser Markt bei einer Umorientierung von Belarus in Richtung Westen mal weg fallen, wie damals nach Übernahme der DDR, werden nicht etwa im Westen ersatzweise weißrussische Produkte Fuß fassen, sondern die Kolchosen und die meisten Betriebe werden dort schließen und dafür ein neuer Absatzmarkt für EU - Produkte geschaffen. Darauf weist der Brief aus dem Ruhrgebiet völlig zu Recht hin. Auch die Ukraine hat sich so zwischen alle Stühle gesetzt. Den Markt in Russland haben sie verloren und nichts Vergleichbares im Westen dafür bekommen. Wer so dumm ist, dieses Spiel immer wieder mit zu machen, kann es ja wieder versuchen.
Ferner hätte es militärische Bedeutung, wenn Lukaschenko geht, denn unter seiner Führung existierte eine - wenn auch lockere - Union mit Russland mit engen Beziehungen auch auf diesem Gebiet.
Verbal betont die Opposition nun zwar, dass sie weiterhin gute Kontakte zu Russland wünscht, allerdings nicht diese Union (!). Verbal äußern sich Trump oder Merkel ebenso. Russland wird dann aber wie immer "Schuld" sein, dass es leider zu solchen guten Beziehungen nicht kommt.
Sehr gefährlich ist es, dass der Nazismus in der Ukraine eine neue Blüte erlebt und Nazi - Kollaborateure zu Nationalhelden erklärt werden wie auch in Estland oder Lettland. In diesem Zusammenhang stört es mich sehr, dass die Demonstranten in Minsk und überall im Land die weiß - rote Fahne herumtragen die unter Lukaschenko mit Recht abgeschafft wurde. Es war die Fahne der Kräfte, die im zweiten Weltkrieg mit Hitler und der Wehrmacht gegen die Sowjetunion kollaborierten. Da könnte man dann ehrlicher Weise in Berlin auch wieder Hakenkreuzfahnen zu lassen. Es kann einfach nicht sein, dass die Weißrussen nicht wissen, welche Fahne sie da in der Hand schwenken.
Weißrussland ist für Russland von enormer militärischer Bedeutung (Kaliningrad). Noch ein Land mehr , aus dem von der russischen Grenze aus Mittelstreckenraketen direkt auf den europäischen Teil Russlands mit geringster Vorwarnzeit gerichtet werden können würde die Kriegsgefahr erheblich erhöhen.

Es kommt also darauf an, dass Weißrussland nicht in Richtung NATO geht. Das könnten und würden die Russen sich wohl nicht bieten lassen. Mit Ausnahme der Angelegenheit der Krim waren sie 30 Jahre lang sehr abwartend, während die USA überall auf der Welt munter putschten, Gegenregierungen ohne Wahlen ernannten, militärisch eingriffen - wo immer es ihnen passte. Ganz Mittel- und Südamerika, ja die gesamte Welt haben sie zu ihrem Einflussbereich erklärt und diktieren allen Ländern ihren Willen.
Lukaschenko hat aus Gründen des eigenen Machterhalts Wahlen gefälscht, unbequeme Kandidaten ins Gefängnis gesteckt, eine weitere Vertiefung der Union mit Russland verzögert. Nun wird er die Macht verlieren und die historisch guten Beziehungen zu Russland werden ebenfalls leiden.

2.2.4. Der Internationale Währungsfonds (IWF) seine Vorhaben

Dr. Ahmet Morkal

Denn es kann weiterhin davon ausgegangen werden, dass der Internationale Währungsfonds (IWF) nach der Machtübergabe an die Opposition bereitsteht, dem Land mit Krediten auszuhelfen, damit es seine Rechnungen im Ausland begleichen kann. Allerdings wird der IWF seine Zahlungen an Auflagen binden, die Weißrussland zu Strukturreformen zwingen.
Wie diese Strukturreformen aussehen, weiß man aus anderen Zusammenhängen, denn man weiß auch, der IWF zwingt seine Kreditnehmer in den unterschiedlichsten Situationen zu den immergleichen Maßnahmen: Marktzugang für ausländische Investments, Abschaffung von Subventionen, Verkleinerung oder vollständige Abschaffung des staatlichen Sektors in der Wirtschaft, Senkung der sozialen Standards. Auch die EU steht für diese Form der "Reformen". Sowohl in der Griechenland-Krise als auch jetzt in der Corona-Krise macht die EU deutlich, dass eine Unterstützung immer an ein Mitspracherecht der EU und ihrer Nationalstaaten in Bezug auf die inneren Wirtschaftsangelegenheiten des Staates gebunden ist, der um Unterstützung anfragt.
Das bedeutet für Weißrussland allerdings, dass ganz unabhängig von der wirtschaftspolitischen Ausrichtung der Regierung bei einer Hinwendung zum IWF und der EU neoliberale Mechanismen zwangsläufig implementiert werden. Das Ergebnis derartiger Unternehmungen kann man ausgiebig in der Ukraine studieren. Das Land liegt dank der wirtschaftspolitischen Forderungen und Interventionen aus dem westlichen Ausland am Boden und wird auch so schnell nicht mehr aufstehen. Überall, wo die EU allein oder im Verbund mit dem IWF interveniert hat, entstand dauerhafte Armut und staatlicher Zerfall. Sowohl im Kosovo als auch in der Ukraine ist dies deutlich zu sehen. Statt blühender demokratischer Landschaften gibt es "Failed States" und perspektivlose Armut.
Aber selbst mit massiven Zerfallserscheinungen kämpfend scheint der EU ein Gürtel zerfallender Staaten an ihren Außengrenzen deutlich lieber als funktionierende Gesellschaftssysteme, die sich in Beziehung zu Russland befinden. Den Weißrussen ist zu empfehlen, ganz genau hinzuschauen, was dort passiert ist. Auch ein Blick nach Griechenland lohnt sich, das seit zehn Jahren trotz einschneidender "Reformen" nicht vom

Fleck kommt und dessen Wirtschaft auf niedrigem Niveau verharrt. Allen Beispielen gemeinsam ist, dass diese Stagnation auf niedrigem Niveau in genau jenen Reformen ihre Ursache hat, die den Fortschritt und den ökonomischen Wiederaufbau des Landes bringen sollten.

So lässt sich das weißrussische Dilemma mit der Formel "Entweder Dialog mit Lukaschenko oder wirtschaftlicher Niedergang" fassen. Die Einflussnahme der EU wird diesen Niedergang befeuern und vorantreiben. Tichanowskaja und die sie umgebenden Oppositionskräfte sind daher keine wirkliche Alternative für Weißrussland.

Den Menschen in Weißrussland ist zu wünschen, dass sich die Situation wieder stabilisiert und dass Lukaschenko die Zeichen der Zeit begreift und in der nächsten Legislaturperiode einen Nachfolger aufbaut, der es versteht, den gewonnenen Wohlstand und die soziale Sicherheit im Land zu schützen und weiter auszubauen, ohne dabei den Dialog mit den Bürgern aus den Augen zu verlieren. Das Angebot dazu liegt bereits auf dem Tisch. Lukaschenko hat ein Verfassungsreferendum angeboten und danach Neuwahlen in Aussicht gestellt.

Allerdings steht zu befürchten, dass die vom Westen unterstützte Opposition die Situation immer weiter eskaliert und sich kompromisslos gibt. Das war bisher immer ein zentrales Element der Strategie westlich getriebener Farbrevolutionen, um das Ziel eines Regimewechsels zu erreichen. Eine Hinwendung zur EU ist für Weißrussland bei objektiver Betrachtung keine mögliche Option, denn die EU wird das Land der Armut preisgeben. Obdachlosigkeit, breite Verelendung, Sinken der Lebenserwartung und der Aufstieg einer kleinen, politisch einflussreichen, aber demokratisch durch nichts legitimierten Oligarchen-Kaste ist der Preis, der für einen Flirt mit dem Westen bezahlt werden muss.

2.2.5. Putin ist zu Hilfe für Lukaschenko bereit

Dr. Isabel Wolf

„Präsident Putin habe erklärt, er würde nicht eingreifen, es sei denn, es gäbe von außen eine direkte oder indirekte Intervention – das müsse sich der Westen genau überlegen, denn bei einem Eingriff würde Russland gegebenenfalls provoziert, So wäre eine Parallele zum Ukrainekonflikt.“

Der russische Präsident Wladimir Putin erklärte am 27. August, Russland werde, wenn Minsk darum bittet, eine Spezialeinheit nach Weißrussland schicken. Die Einheit werde im Rahmen der "Organisation des Vertrags für kollektive Sicherheit" (ODKB) entsandt. Dem Militär-Bündnis eurasischer Staaten gehört neben Russland und anderen Ländern auch Weißrussland an. Der russische Präsident erklärte, die Spezialeinheit werde nur eingesetzt, wenn es in Weißrussland zur Besetzung von Gebäuden, Bränden und anderen Gewalttaten kommt.

Der Koordinationsrat der Protestbewegung erklärte den Einsatz ausländischer Truppen in Weißrussland für "nicht zulässig". "Wir sehen keinen Grund für die Annahme, dass die Situation in Weißrussland außer Kontrolle gerät", heißt es in einer Erklärung. In Weißrussland gäbe es "ausschließlich friedliche Aktionen".

Die Ereignisse der letzten Zeit in Belarus stellen eine Fortsetzung des verdeckten Krieges gegen Russland und China zur Durchsetzung einer Weltordnung nach dem Bilde Henry

Kissingers und der von Zbigniew Brzeziński skizzierten "Politik des großen Schachbretts" dar.
Im Zuge des großen antisozialistischen Kreuzzuges erfolgte dazu schon in den 1970er Jahren die Unterwanderung und Zerschlagung der starken kommunistischen Parteien in den westlichen Ländern. Ende der 1980er Jahre folgte die Beseitigung des Sozialismus in den Staaten Osteuropas, die Zerschlagung der Warschauer Vertragsorganisation, um schließlich den entscheidenden Schlag zu führen: zur Auflösung der UdSSR.
In seinem Buch "Die einzige Weltmacht" formulierte Brzeziński den Willen der USA, die "einzige" und sogar die "letzte", also ewige(!) Weltmacht zu sein. Eurasien ist diesem Konzept entsprechend "das Schachbrett, auf dem der Kampf um globale Vorherrschaft auch in Zukunft ausgetragen wird".[41)]
Dabei geht er davon aus, dass eine Macht, die in Eurasien die Vorherrschaft gewinnt, damit auch die Vorherrschaft über die gesamte Welt gewonnen hätte. "Dieses riesige, merkwürdig geformte eurasische Schachbrett – das sich von Lissabon bis Wladiwostok erstreckt – ist der Schauplatz des global play", wobei "eine Dominanz auf dem gesamten eurasischen Kontinent noch heute die Voraussetzung für globale Vormachtstellung ist." Brzeziński begründet diesen Standpunkt mit dem Hinweis darauf, dass Eurasien der mit Abstand größte Kontinent ist, auf dem 75 Prozent der Weltbevölkerung leben und auf dem sich drei Viertel der weltweit bekannten Energievorkommen befinden.
Er weist darauf hin, dass "Amerikas potentielle Herausforderer auf politischem und/oder wirtschaftlichem Gebiet ... ausnahmslos eurasische Staaten sind". Das Ziel der USA-Außenpolitik müsse daher darin bestehen, "dass kein Staat oder keine Staatengruppe die Fähigkeit erlangt, die Vereinigten Staaten aus Eurasien zu vertreiben oder auch nur deren Schiedsrichterrolle entscheidend zu beeinträchtigen". Die USA müssen "das Emporkommen eines Rivalen um die Macht ... vereiteln".
Ein auf die NATO ausgerichtetes Europa habe dabei die Funktion des Brückenkopfes. Verwirklicht wird dieses Vorhaben durch die Osterweiterung der NATO und der EU, durch die systematische militärische, ökonomische und politische Verfestigung dieses Zustandes und seiner territorialen Ausdehnung auf Territorium der ehemaligen Sowjetrepubliken. "Durch eine glaubwürdige transatlantische Partnerschaft muss der Brückenkopf der USA auf dem eurasischen Kontinent so gefestigt werden, dass ein wachsendes Europa ein brauchbares Sprungbrett werden kann, von dem aus sich eine internationale Ordnung der Demokratie und Zusammenarbeit nach Eurasien hinein ausbreiten lässt", so Brzeziński.
Diese Vorstellungen wurden schon oft zitiert. Aber es scheint immer wieder notwendig zu sein, sie immer wieder zurück in die Erinnerung zu rufen, um das tatsächliche Wesen bestimmter Vorgänge in der aktuellen Weltpolitik zu verdeutlichen. Denn sie wurden ja nicht nur verkündet und dann vergessen, sondern haben eine Politik bestimmt, die ganze Staaten die Existenz gekostet und Frieden und Sicherheit gefährdet hat.
Im Rahmen dieses Konzepts wurden die ehemals sozialistischen Staaten durch eine Kombination von NATO- und EU-Politik "befreit", die NATO-Osterweiterung vollzogen und immer auch zugleich der Einfluss der USA gesichert. Die Länder wurden unter der Losung "Hilfe" für das ausländische Kapital geöffnet, das politische und Rechtssystem wurden an das westliche Verständnis angepasst. Die Konzerne konnten sich somit das Wirtschaftspotenzial der "befreiten" Länder sichern und die Medien konnten so gestaltet werden, dass sie die "Zivilgesellschaft" formen konnten. Das heißt, sie konnten die Öffentlichkeit im Sinne der Freiheit des Kapitals und seiner Demokratie bearbeiten.
Mit der Aufnahme der ehemaligen Warschauer Vertragsstaaten in die NATO und die EU wurde zwar ein Ring von der Ostsee bis ins Schwarze Meer gezogen. Zwischen diesem jetzigen EU- und NATO-Raum und Russland befindet sich aber nach wie vor ein weiterer Nord-Süd-Streifen: die ehemaligen Sowjetrepubliken von Aserbaidschan und Georgien über

---

41 Die einzige Weltmacht" formulierte Brzeziński, 1997

die Republik Moldova (mit Transnistiren) bis zur Ukraine und nach Belarus, der den unmittelbaren Zugang zu Russland und seinen Grenzen zumindest erschwert. Vor allem der Ukraine und auch Belarus kommt eine besonders wichtige strategische Rolle zu, wenn die wirtschaftlichen, politischen und militärischen Ziele gegenüber Russland und Eurasien verwirklicht werden sollen. Wer in diesem Raum das Sagen hat, bestimmt nicht nur die strategische, militärische und politische Konstellation. Er ist in der Lage, die außenwirtschaftlichen Vorgänge zu kontrollieren, wie zum Beispiel jene über die stetig ausgebaute Neue Seidenstraße. Allein im Juli 2020 wurden – trotz Einschränkungen durch die Pandemie – 1.232 Frachtzüge von China nach Europa geschickt! Wer die Entwicklungen in der Ukraine bewerten und die Ereignisse in Belarus einordnen will, kann dies nicht tun, ohne solche Aspekte zu berücksichtigen.
Man darf dabei auch nicht übersehen, das Brzeziński für die USA auch eine Vorstellung entworfen hat, wonach Russland in drei oder vier Teile gepalten werden sollte. "Einem locker konföderierten Russland – bestehend aus einem europäischen Russland, einer sibirischen Republik und einer fernöstlichen Republik – fiele es auch leichter, engere Wirtschaftsbeziehungen mit Europa, den neuen Staaten Zentralasiens und dem Osten zu pflegen", führte er aus. Wenn man berücksichtigt, dass diese Auffassung den Vorstellungen von Harold Mackinders nahekommt, die dieser bereits Anfang des 20. Jahrhunderts entwickelt hat, und dass von ihr schon andere Konzeptionen und Handlungen im 20. Jahrhundert beeinflusst wurden. Die wurden teils ebenfalls für eine Illusion gehalten, führten aber dennoch zu verheerenden Kriegen, und daher empfiehlt es sich, sie nicht zu vernachlässigen! Auch die Auflösung der UdSSR war einmal unvorstellbar!
Vor allem die USA und NATO wollen – bei aktiver Teilnahme der EU – die Situation in Zusammenhang mit den diesjährigen Präsidentenwahlen in Belarus nutzen, um die Lage in ihrem Sinne weiter zu verändern. Sie glauben, die inneren Schwierigkeiten, mit denen Belarus konfrontiert ist, nutzen zu können, um sich einzumischen, um die Kräfteverhältnisse nicht nur in Belarus und in der Region unmittelbar an der Grenze zu Russland, sondern in ganz Europa weiter zu ihren Gunsten vorantreiben zu können. Sie versuchen, der Bevölkerung von Belarus die Regeln vorzuschreiben, nach denen sowohl ein Regime-Change in Belarus als auch eine Veränderung im Sinne der Schaffung günstigerer Bedingungen für die Verwirklichung der antirussischen Ziele erfolgen sollte.
Es ging und geht also nicht nur um ein bilaterales Verhältnis der USA oder der EU zu Belarus, sondern das ist Geopolitik, der Kampf um den postsowjetischen Raum. Und zwar beim Fortbestehen und der weiteren Verschärfung der Lage in der Ukraine!
Dafür wurden durch die USA, die NATO und die EU ökonomische, politische, militärische und ideologische Mittel eingesetzt. Da ist das Manöver "Defender Europe 2020". Nur 15 (!) Kilometer von der Grenze zu Belarus entfernt inszeniert, übte man diese größte Truppenverlegung aus den USA nach Europa, die in den vergangenen 25 Jahren stattgefunden hat. Laut amerikanischen Erklärungen ist dieses Vorgehen ähnlich der einstigen Übung REFORGER (Return of Forces to Germany), also einem Muster der Manöver, die in den 1960er bis 1990er Jahren stattfanden und als Vorbereitung der NATO auf einen potenziellen Konflikt "mit dem Ostblock" galten. Das logistische Zentrum der Übungen lag und liegt in Deutschland. Außerdem wurde von der NATO, den USA und Deutschland in die baltischen Staaten militärisch kräftig investiert.
Hunderte Millionen Dollar und Euro wurden auch für die langjährige, systematische Tätigkeit zahlreicher NGOs in Belarus von den USA, der EU sowie ihrer Mitgliedstaaten zur Verfügung gestellt. Dazu gehören die rechtsliberale Stiftung "Liberale Moderne" der Grünen, andere amerikanische, deutsche und weitere ausländische Stiftungen.

Man muss kein Hellseher oder Prophet sein, um zu ahnen, was Russland machen könnte. Sollte die EU so wahnsinnig sein, einen 2. Maidan in Weißrussland anzuzetteln, ... wird Russland Weißrussland militärisch zu Seite stehen und einmarschieren und Europa und die

ganze Welt wird am Rande von WK3 stehen.
Russland wird niemals zulassen, dass die NATO eine komplette Frontlinie vom Schwarzenmeer bis zum Baltikum aufbauen kann, insbesondere da die weißrussische Grenze nur etwas mehr als 300km von Moskau entfernt ist.
Jeder in der EU der davon phantasiert, dass Russland tatenlos zusehen wird, in so eine aussichtlose Verteidigungsposition gegen die aggressive Nato zu kommen, muss komplett von seinem Größenwahn umnachtet sein.

2.2.6. Die vom Westen gedopte „Präsidentschaftskandidatin Tichanowskaja" als politisch unerfahrene Hausfrau

Dr. Ahmet Morkal

„Die CDU hat etwas, was in Weißrussland fehlt: Demokratie."[42]
-Rednerin ist Tichanowskaja auf dem CDU-Parteitag ."

Die Präsidentschaftskandidatin Tichanowskaja, die sich als Führerin der Opposition anbot, sei bisher nur Hausfrau gewesen.

Wer ist sie ? wetlana Tichanowskaja trat zur Wahl an, nachdem ihr Mann Sergej verhaftet worden war. Die 38-Jährige war in einer ökologischen Gruppe aktiv und arbeitete als Übersetzerin und Hausfrau. Bis zu ihrer Kandidatur war sie so gut wie unbekannt.
Die Oppositionskandidatin Swetlana Tichanowskaja, ist das Fehlen jeder politische Erfahrung und will höhere Renten und höhere Löhne, eine Privatisierung der Bildung und Unterstützung von Geschäftsleuten. Ihre zentrale und wichtigste politische Forderung bildet daher lediglich die Ablösung von Lukaschenko als Präsident. Für was sie selbst steht, bleibt unscharf. Dass sich hinter der politisch unerfahrenen Tichanowskaja ein westlicher Beraterstab sammelt, der sie unterstützt und führt, kann angenommen werden.
Sie hat an der East European School of Political Studies mit Sitz in der Ukraine Politologie studiert. Die Schule rühmt sich, junge Führungskräfte in Weißrussland zu fördern und zu unterstützen und wird unter anderem vom US-amerikanischen Freedom House, der Konrad-Adenauer-Stiftung und der Open-Society-Foundations gefördert.
Zum ersten Mal seit langem ruft die Opposition zu Streiks auf, aber wohlgemerkt nur in staatlichen Betrieben. Dabei arbeitet schon heute die Mehrheit der Belarussen im privaten Sektor, und dort ist die Lage teilweise schlimmer als in den Staatsbetrieben.

---

42 Die weißrussische, inzwischen im litauischen Exil lebende Oppositionsführerin Swetlana Tichanowskaja hat ein Grußwort an die Delegierten des CDU-Parteitags gerichtet. Sie tat das auf Einladung, wie sie sagt. Bevor wir zum Inhalt des Gesagten kommen, sei kurz der Rahmen beleuchtet, in dem Tichanowskaja ihre Grüße entrichtete. ihre Grußworte. Ihre Videobotschaft ist kurz, kaum anderthalb Minuten. Sie spricht auf Englisch, das Gesprochene ist auf Deutsch untertitelt. Das Gesagte wirkt einstudiert. Das Wort Demokratie kommt in der kurzen Rede fünfmal vor – rechnerisch alle 18 Sekunden. Die CDU mag mutige Frauen. Gemeinsam mit anderen mutigen Frauen setzt sie sich für die Demokratie in Weißrussland ein. Ein starkes Zeichen. Nun ist das aber nur die halbe Wahrheit, denn was Ziemiak verschweigt: Die parteinahe Konrad-Adenauer-Stiftung fördert seit Jahren das Umfeld von Tichanowskaja und inzwischen auch sie selbst. Geschlechterfragen spielen bei der Förderung eine nachgeordnete Rolle. Die Stärke Tichanowskajas ist daher auch nicht ihrer Weiblichkeit, sondern westlicher Unterstützung geschuldet. Dafür ist sie dankbar und sie bittet, diese Unterstützung fortzusetzen. während das Wort Demokratie in ihrem Grußwort zahlreich vorkommt, fehlen andere völlig: Wirtschaft, Sozialstaat und Sicherheit. Auch fehlt jeder Hinweis auf internationales Recht.Im Gegenteil bedankt sich Tichanowskaja für die Unterstützung der Bundesregierung und der Deutschen Welle, die breit von den Protesten über die weißrussische Oppositionsbewegung und Tichanowskaja berichtet.

den Weißrussen mag es um freie Wahlen, Demokratie und Bürgerbeteiligung gehen, die jetzt demonstrieren, ihren ausländischen Unterstützern geht es darum nicht. Weißrussland ist geopolitisch und strategisch zu wichtig, um es einer demokratischen Bürgerbewegung zu überlassen. Westliche NGOs stehen seit langem bereit und warten auf eine Chance, dort ihren Einfluss vermehrt geltend zu machen. So sucht beispielsweise der rechtsliberale Thinktank Liberale Moderne in Weißrussland nach Einflussmöglichkeiten. Der von den beiden Grünen Marieluise Beck und Ralf Fücks gegründete Think Tank hat eine dezidiert antirussische Ausrichtung. Er fördert aktiv den Kulturnationalismus in der Ukraine und verfolgt das Ziel, mögliche Annäherungen zwischen der Ukraine und Russlands zu verhindern.
Jetzt scheint die Gelegenheit günstig für eine tiefere Einmischung in Weißrussland

So hat die Christdemokratin Olga Kowalkowa, die als Sprecherin von Präsidentschaftskandidatin Tichanowskaja fungiert und eine zentrale Rolle im von der Opposition gegründeten Koordinationsrat zur Übergabe der Macht innehat, Verbindungen zur Konrad-Adenauer-Stiftung.
„Ziel der äußeren Einmischung der EU unter dem Titel "Stärkung der Zivilgesellschaft", für die sie Gelder zur Verfügung stellt, ist zweifellos eine Implementierung von marktradikalen Ideen als Allheilmittel für die Probleme der weißrussischen Gesellschaft."

Was genau sich ändern soll, drückt sich in den Protesten der Opposition allerdings nicht aus. Lukaschenko muss weg, ist die gemeinsame Parole. Das allerdings ist noch kein politisches Programm für die Zukunft des Landes. Was sonst noch an Wandel vonstattengehen soll, bleibt recht dunkel.
In der Regel beteiligen sich an den Streiks seit dem 28.8.2020 nur ein paar hundert Arbeiter, bei Belegschaften von mehreren tausend Menschen.
Außer der Forderung nach dem Rücktritt von Lukaschenko und fairen Wahlen hat die Opposition inhaltlich nichts anzubieten.
Das Argument, mit dem Lukaschenko den Verzicht auf einen allgemeinen Lockdown angesichts der Corona-Pandemie begründete, war, dass sich das Land einen Stillstand ökonomisch nicht leisten kann, ohne dass damit eine weitere Absenkung des allgemeinen Lebensstandards verbunden wäre.
Jetzt will die Opposition den ökonomischen Stillstand und das Absenken des allgemeinen Wohlstandsniveaus als Mittel zur Absetzung Lukaschenkos einsetzen. Das, was westliche Sanktionen in Venezuela, Syrien und Iran von außen bewirken sollen, nämlich eine breite Verarmung und Verelendung der Bevölkerung, mit dem Ziel, eine Revolte gegen die jeweiligen Regierungen zu entfachen, will die weißrussische Opposition über das Mittel von Streiks herstellen. Gelingt das, werden die Konsequenzen für die weißrussische Gesellschaft weitreichend sein. Es kann davon ausgegangen werden, dass eine wirtschaftliche Umgestaltung Weißrusslands zum westlich neoliberalen Modell mit all seinen Folgen sich dann nahezu automatisch ergeben wird.
Denn es kann weiterhin davon ausgegangen werden, dass der Internationale Währungsfonds (IWF) nach der Machtübergabe an die Opposition bereitsteht, dem Land mit Krediten auszuhelfen, damit es seine Rechnungen im Ausland begleichen kann. Allerdings wird der IWF seine Zahlungen an Auflagen binden, die Weißrussland zu Strukturreformen zwingen.
Wie diese Strukturreformen aussehen, weiß man aus anderen Zusammenhängen, denn man weiß auch, der IWF zwingt seine Kreditnehmer in den unterschiedlichsten Situationen zu den immergleichen Maßnahmen: Marktzugang für ausländische Investments, Abschaffung von Subventionen, Verkleinerung oder vollständige Abschaffung des staatlichen Sektors in der Wirtschaft, Senkung der sozialen Standards. Auch die EU steht für diese Form der "Reformen". Sowohl in der Griechenland-Krise als auch jetzt in der Corona-

Krise macht die EU deutlich, dass eine Unterstützung immer an ein Mitspracherecht der EU und ihrer Nationalstaaten in Bezug auf die inneren Wirtschaftsangelegenheiten des Staates gebunden ist, der um Unterstützung anfragt.
Das bedeutet für Weißrussland allerdings, dass ganz unabhängig von der wirtschaftspolitischen Ausrichtung der Regierung bei einer Hinwendung zum IWF und der EU neoliberale Mechanismen zwangsläufig implementiert werden. Das Ergebnis derartiger Unternehmungen kann man ausgiebig in der Ukraine studieren. Das Land liegt dank der wirtschaftspolitischen Forderungen und Interventionen aus dem westlichen Ausland am Boden und wird auch so schnell nicht mehr aufstehen. Überall, wo die EU allein oder im Verbund mit dem IWF interveniert hat, entstand dauerhafte Armut und staatlicher Zerfall. Sowohl im Kosovo als auch in der Ukraine ist dies deutlich zu sehen. Statt blühender demokratischer Landschaften gibt es "Failed States" und perspektivlose Armut.
Aber selbst mit massiven Zerfallserscheinungen kämpfend scheint der EU ein Gürtel zerfallender Staaten an ihren Außengrenzen deutlich lieber als funktionierende Gesellschaftssysteme, die sich in Beziehung zu Russland befinden. Den Weißrussen ist zu empfehlen, ganz genau hinzuschauen, was dort passiert ist. Auch ein Blick nach Griechenland lohnt sich, das seit zehn Jahren trotz einschneidender "Reformen" nicht vom Fleck kommt und dessen Wirtschaft auf niedrigem Niveau verharrt. Allen Beispielen gemeinsam ist, dass diese Stagnation auf niedrigem Niveau in genau jenen Reformen ihre Ursache hat, die den Fortschritt und den ökonomischen Wiederaufbau des Landes bringen sollten.
So lässt sich das weißrussische Dilemma mit der Formel "Entweder Dialog mit Lukaschenko oder wirtschaftlicher Niedergang" fassen. Die Einflussnahme der EU wird diesen Niedergang befeuern und vorantreiben. Tichanowskaja und die sie umgebenden Oppositionskräfte sind daher keine wirkliche Alternative für Weißrussland.
Den Menschen in Weißrussland ist zu wünschen, dass sich die Situation wieder stabilisiert und dass Lukaschenko die Zeichen der Zeit begreift und in der nächsten Legislaturperiode einen Nachfolger aufbaut, der es versteht, den gewonnenen Wohlstand und die soziale Sicherheit im Land zu schützen und weiter auszubauen, ohne dabei den Dialog mit den Bürgern aus den Augen zu verlieren. Das Angebot dazu liegt bereits auf dem Tisch. Lukaschenko hat ein Verfassungsreferendum angeboten und danach Neuwahlen in Aussicht gestellt.
Allerdings steht zu befürchten, dass die vom Westen unterstützte Opposition die Situation immer weiter eskaliert und sich kompromisslos gibt. Das war bisher immer ein zentrales Element der Strategie westlich getriebener Farbrevolutionen, um das Ziel eines Regimewechsels zu erreichen. Eine Hinwendung zur EU ist für Weißrussland bei objektiver Betrachtung keine mögliche Option, denn die EU wird das Land der Armut preisgeben. Obdachlosigkeit, breite Verelendung, Sinken der Lebenserwartung und der Aufstieg einer kleinen, politisch einflussreichen, aber demokratisch durch nichts legitimierten Oligarchen-Kaste ist der Preis, der für einen Flirt mit dem Westen bezahlt werden muss.

Man verschweigt aber, dass ihre Sprecherin zum Beispiel an der East European School of Political Studies in der Ukraine studiert hat. Diese Institution wird unter anderem vom US-amerikanischen Freedom House, der Konrad-Adenauer-Stiftung e.V. und den Open Society Foundations des bekannten Finanzmagnaten György Schwartz (George Soros) gefördert.
Nach jahrzehntelangem Stillstand in den politischen Beziehungen zwischen den USA und Belarus besuchte John Bolton, der damalige Sicherheitsberater von Präsident Trump, im Sommer 2019 das Land, um die Beziehungen wieder zu verbessern. Er versprach u.a. die Unterstützung der Souveränität und Unabhängigkeit von Belarus durch die USA. Im Februar 2020 folgte ein Besuch des USA-Außenministers in Minsk. Lukaschenko wies darauf hin, dass er eine diplomatische Aufwertung der Beziehungen nutzen möchte, um eine "starke, konstruktive Beziehung mit den Vereinigten Staaten" aufzubauen, die auf "gemeinsamen

Werten und Prioritäten" beruhe. Offensichtlich war der Wille, antirussische Narrative zu bedienen. Dazu nutzte Außenminister Pompeo besonders den Streit zwischen Belarus und Russland über die Energiepreise. Er bot zum Beispiel an, Belarus zu "100 Prozent" zu beliefern.
Die USA, die NATO und die EU nutzten in den letzten Jahren und besonders vor den Wahlen alle sich ihnen bietenden Mittel, um die Stimmung im Land anzuheizen und sie in ihrem Sinne zu beeinflussen. Und in einem Land, das plötzlich aus seinem historisch gewachsenen Verbund herausgerissen wird, gibt es allerorten und zu jeder Zeit viele latente Konflikte, die gelöst oder geschlichtet werden müssen.
Russland mahnt laut Außenminister Lawrow, die schwierige Lage in Belarus nicht zu missbrauchen und einen normalen, gegenseitig respektvollen Dialog zwischen Macht und Gesellschaft nicht zu ruinieren. Russland gehe davon aus, dass man dieses Land nicht nur als geopolitischen Raum betrachtet. Es ist innen- und außenpolitisch, geo- und europapolitisch destruktiv und gefährlich, dieses Land zu einer Entscheidung nach dem Motto zu drängen, sich entweder mit Russland oder mit Europa oder mit den USA zu verständigen. Er erinnerte an das Beispiel Ukraine!

„Ich gebe offiziell bekannt, dass ich bereit bin, das Land während der Übergangsperiode zu führen", sagte Tichanowskaja in einer Video-Ansprache, die ihr Pressedienst am Donnerstag veröffentlicht hat. Ihr Team habe bereits einen Entwurf für eine Verfassungsreform vorbereitet, betonte die Oppositionsanführerin."

Zuvor hatte Tichanowskaja mehrfach zugesichert, sie positioniere sich nicht als zukünftige Präsidentin der Republik. Ihr Ziel bestehe darin, so die Politikerin, die besten Experten und demokratischen Kräfte zusammenzubringen, sodass Weißrussland „möglichst wenige Schocks in Bezug auf die Neuwahlen" erleben würde.

2.2.7. Nach den Wahlen

Alan Smidt

„Noch am Wahlsonntag, 9. August, hob sie den Vorwurf der weißrussischen Opposition hervor, die Wahl werde manipuliert".[43)] Der damalige deutsche Außenminister Frank-Walter Steinmeier nannte das "eine gute Nachricht". Das Trapsen der Nachtigall war nicht zu überhören: Man entschied zugunsten Weißrusslands, weil Lukaschenko auf der Politschaukel zwischen Russland und der EU gerade einen Westschwung nahm. Deutschland schickte sogar Polizistenausbilder nach Minsk. Man tat so, als beträten sie dort die blitzblanke gute Stube der Demokratie. Die Kritik von Menschenrechtlern blieb unbeachtet. Die Europäische Union (EU) hat ihre Sanktionen gegen Präsident Alexander Lukaschenko und weitere Vertreter seiner autoritär herrschenden Regierung in Belarus endgültig aufgehoben. Die Außenminister der Mitgliedsstaaten beschlossen auf ihrem Treffen in Brüssel, Reise- und Vermögenssperren gegen insgesamt 170 Belarussen zu beenden. Auch drei Unternehmen wurden von der Sanktionsliste gestrichen. Außenminister Frank-Walter Steinmeier sprach dagegen von einer "guten Nachricht". Er hoffe nun auf eine etwas dichtere Politik gegenüber Belarus. "Wir haben jetzt die Möglichkeit, dass die Organisation fur Sicherheit und Zusammenarbeit in Europa in Minsk wieder präsent sein kann", sagte der SPD-Politiker. "Wir haben jetzt die Möglichkeit, dass unterbrochene Menschenrechtsdialoge wieder aufgenommen werden können." [44)]

43 ARD-tagesschau 09.08.2020 20:00 Uhr

In Weißrussland waren nach den Präsidentschaftswahlen am 9. August Proteste und Streiks ausgebrochen. Die Massenproteste gegen Lukaschenko finden unter weiß-rot-weißen Flagge und dem Pogonja-Wappen statt – eine Symbolik, die aufgrund ihrer Nutzung durch Nazikollaborateure stark belastet ist. Der Tichanowskaja-Stab verkündete, ein "ganz anderes Belarus" erbauen zu wollen. Ähnlich verhält es sich mit dem Slogan "Schiwi Belarus" (Ruhm für Belarus), das zu einem Protest-Motto geworden ist. Die Lukaschenko-Anhänger verzichten auf nationalistische Glorifizierung und rufen lediglich "Belarus". Seit Montag sind viele Menschen in den Staatsbetrieben in den Streik getreten, um Lukaschenko zum Rücktritt zu zwingen. Auch die Staatsmedien haben seit Montag Sendeprobleme, weil Mitarbeiter im Streik sind oder gekündigt haben. Es sind die größten Demonstrationen in der ehemaligen Sowjetrepublik. Lukaschenko hatte sich trotz massiver Manipulationsvorwürfe zum Sieger mit 80 Prozent der Stimmen erklären lassen. Er bestätigte am Mittwochabend auch die Regierung; alle Minister behielten ihren Posten. Die EU-Staaten entschieden hingegen, das Wahlergebnis in Weißrussland nicht anzuerkennen.
Lukaschenko wird seit Wochen deutschland- und EU-weit zum Buhmann stilisiert. Sie ist wieder mal da, die "Farbrevolution". Lukaschenko soll weg und mit ihm Weißrusslands sozialstaatliche Grundlage. Das Land mit seinem umfangreichen Gemeineigentum wäre ein Eldorado für Investoren und Schnäppchenjäger, wie 1989/1990 die in der Agonie liegende DDR. Wir erinnern uns an den Aufbruch der westdeutschen Beutemacher und daran, dass der seinerzeitige Hamburger Bürgermeister Henning Voscherau vom "größten Raubzug in der deutschen Geschichte" sprach.
In der FAZ vom 1.Juli 2010 gab Sarrazin Auskunft darüber, was er als Referatsleiter im Bundesfinanzministerium betrieb: Die Währungsunion BRD-DDR, die am 1. Juli 1990 in Kraft trat. Erste Klarstellung: "Es ging in diesen Monaten darum, die DDR in einer Weise zu binden, die nicht mehr aufgehoben werden konnte. Denn es stand doch die große Gefahr eines 'dritten Weges' im Raum." Zweitens: "Wir haben sie in allen wichtigen Punkten vollständig entmachtet. Die Währungsunion war mit der Einführung des Rechtsrahmens der Bundesrepublik in der DDR verbunden. Das war der Anschluss an die Bundesrepublik(...)"[45)]

"Aus einem schriftlichen Vermerk der CDU-Bundesgeschäftsstelle geht hervor:
"Versand an die Kreisverbände: Plakate 'Wir sind ein Volk' - Erste Auflage 12.800 Stück.
Aufkleber "Wir sind ein Volk" - Erste Auflage: 100.000 Exemplare.
Zweite Auflage: 300.000 Exemplare." [46)]

Bei den Protesten geht es nicht nur um die Forderung eines Machtwechsels, sondern auch um das "nationale Erwachen". Das macht die Parallele zu den Maidan-Protesten in der Ukraine mehr als deutlich. Ein scheinbar unpolitischer bürgerlicher Protest gegen einen Machthaber bekommt jene Fahne als Symbol, die für eine nationalistische und noch vor weniger Monaten marginale politische Kraft stand.
Nun marschieren Zehntausende unter den gleichen Fahnen. Sie sammeln sich auch an den großen Kriegsdenkmälern, was das Verteidigungsministerium am Sonntag dazu veranlasste, das Territorium um die Denkmäler abzusperren.
Unter diesen Flaggen haben Faschisten Massaker an Weißrussen, Russen, Juden und Vertretern anderer Nationalitäten verübt. Wir können nicht zusehen, dass an heiligen Orten der Erinnerung Aktionen unter diesen Fahnen organisiert werden, sagte (www.youtube.com/watch?v=4WtclERQgE8 169.005 Aufrufe) der weißrussische Verteidigungsminister Wiktor Chrenin.

44 www.zeit.de/politik/ausland/2016-02/sanktionen-gegen-alexander-lukaschenko-weissrussland-aufhebung-europaeische-union:

45 http://www.nrhz.de/flyer/beitrag.php?id=15357

46 www.zeit.de/politik/ausland/2016-02/sanktionen-gegen-alexander-lukaschenko-weissrussland-aufhebung-europaeische-union:

III. KAPITEL

3.3.1. Ein Appell an die Weißrussen

Prof. Dr. eme. O. Carlosa

Liebe Menschen in Belarus,
die Weißrussen – wie auch alle Freunde Weißrusslands im Ausland (denn ihrer gibt es viele) – in der Lage sein werden, ihre eigenen Angelegenheiten zu klären – und sich nicht von diejenigen an der Leine führen lassen, die dieses Land nur dafür brauchen, geopolitischen Raum zu erschließen und die altbekannte destruktive Logik "entweder seid ihr mit Russland oder ihr seid mit Europa" zu fördern.
All diejenigen, die sagen, dass diese Vermittlung der einzige Ausweg aus der gegenwärtigen Situation ist, ermahne ich[: Sie sollen] nicht vergessen, wie unsere westlichen Kollegen im Jahr 2014 während des "Maidan" in Kiew "vermittelt" haben. Damals "vermittelten" angesehene Vertreter der Europäischen Union und erzielten Vereinbarungen. Doch wir alle erinnern uns, was daraus geworden ist.

Verehrte Damen und Herren auf den Straßen von Minsk,
wenn wir den Bildern und Berichten des deutschen Fernsehens glauben dürfen, so befinden Sie sich seit einer Woche im Widerstand gegen den offiziell wieder gewählten Präsidenten Alexander Lukashenko. Demonstrationen, Streiks und grausame Polizeigewalt gegen Oppositionelle gibt es offenbar an allen Orten. Unter Berufung auf die Opposition berichten Zeitungen in Deutschland, dass die Wahl in Ihrem Land weder frei noch fair verlaufen sei. Die offiziellen Wahlergebnisse sind demnach grob gefälscht, die überwältigende Mehrheit der Weißrussen sei für die Oppositionskandidatin und die "letzte Diktatur Europas" stehe kurz vor dem Fall. Die EU und die USA unterstützen Sie dabei selbstlos.
Wir können diese Aussagen nicht überprüfen und beurteilen. Handelt es sich um die Wahrheit? Oder wird hier maßlos übertrieben, um den letzten strategischen Verbündeten Russlands in Osteuropa zu "knacken" und die NATO weiter nach Osten auszudehnen? Stichwort: Kaliningrad und "suwalki gap". Wir wissen es nicht.
Wir wissen auch nicht, was von den Truppenverlegungen der USA an die Westgrenze Ihres Landes zu halten ist. Gewiss ist nur: Viele Menschen in Belarus sind offenbar unzufrieden mit der Politik des Präsidenten. Warum Sie unzufrieden sind, erfährt man in unseren Medien kaum oder viel zu wenig. Der Grund Ihrer Unzufriedenheit interessiert offenbar überhaupt nicht, solange sich die Wut der Straße nur gegen Lukashenko und "das System" richtet. Dies könnte für Sie, liebe Bürgerinnen von Belarus, ein erster Hinweis darauf sein, wie berechnend die EU Ihren "Freiheitskampf" unterstützt und wie wenig es dabei um Ihre Interessen, um Ihre Unzufriedenheiten in Zeiten der Krise geht.
Was Sie nach einer mehr oder weniger "friedlichen Revolution" in Belarus zu erwarten haben, das können Sie allerdings mit Gewissheit an fast allen anderen Ländern Osteuropas ausführlich studieren. Lassen Sie sich informieren über die Abwicklung der Staatsbetriebe, Massenentlassungen, Zusammenbruch der Kolchosen und landwirtschaftlichen Betriebe,

massenhafte Landflucht und das Sterben der Dörfer in der Ukraine, in der Republik Moldau, Rumänien, Polen ... Vergleichen Sie den Zerfall der sozialen Infrastruktur, von Kitas, Krankenhäusern, Altenheimen und die Folgen für Lebenserwartung, Alkoholismus und Verwahrlosung ...

Dafür bekommen Sie in der neuen Freiheit gewiss neue Oligarchen, die mit eigenen Fernsehsendern, Verlagen und Parteien um die Macht konkurrieren. Alle vier Jahre können Sie einen anderen wählen. Ändern tut sich dadurch bekanntlich nichts. Die akademische Elite verlässt übrigens die Heimat und ihre Familien, um in Deutschland oder Großbritannien im Krankenhaus, in der Industrie oder IT-Branche viel zu arbeiten. Der Rest der Bevölkerung kann mit Wanderarbeitern aus Polen, der Ukraine oder Moldau darum konkurrieren, wer als Spargelstecher oder Schlachtarbeiter, Putzfrau und Prostituierte in deutschen Betrieben und Bordellen ausgebeutet und krank gemacht wird. Lassen Sie sich auch darüber informieren, wie osteuropäische Migranten in Westeuropa wohnen, wie sie behandelt werden, wenn sie Arbeit und Wohnung verlieren, und was jene Deutschen von Ihnen halten, die gerade so viel Sympathie für ihren Freiheitskampf zeigen.

Und schließlich noch ein Wort zum Thema freie Wahlen. Da kennen wir uns nämlich leider aus: In den mustergültigen Demokratien Westeuropas gelten die folgenden Dinge als "alternativlos" und stehen nicht zur Wahl: die Eigentumsverhältnisse mit Milliardären und Bettlern, die Arbeitslosigkeit, Arbeit, die krank und depressiv macht, die Armut und die Ausbeutung osteuropäischer Wanderarbeiter, Abschiebungen usw...

Ob sie zu diesen glücklichen Wanderarbeiterinnen künftig gehören dürfen, entscheiden übrigens auch nicht freie Wahlen in Minsk, sondern Berliner und Brüsseler Gesetze zur Arbeitnehmerfreizügigkeit und die gar nicht frei gewählten Personalchefs westlicher Unternehmen. Dabei stehen nicht Ihre Bedürfnisse und Sorgen im Mittelpunkt, sondern der Bedarf großer Kapitale an billigen und willigen Arbeitern. Dieser Bedarf dürfte in Zeiten der Krise übrigens absehbar gedeckt sein ...

Dass Sie nach einem besseren Leben streben, glauben wir Ihnen und finden wir verständlich. Dass diese freien Wahlen Ihnen dabei nützen werden, darf allerdings bezweifelt werden. Gewiss ist: Die Freiheit, für die Sie gerade kämpfen, wird nicht Ihre Freiheit sein. Denn in westlichen Demokratien können Sie keinesfalls wählen, ob Sie Ihren Arbeitsplatz behalten oder verlieren, ob es eine neue Krise gibt oder eine Konjunktur, wie viel das Geld eert ist , das Sie mit Ihrer Arbeit verdienen, wie sehr die Mieten steigen und so weiter. All das diktiert bekanntlich "der Markt" bzw. die Konkurrenz der Unternehmen, Banken und Spekulanten.

In freien Wahlen nach westlichem Vorbild können Sie auch nicht entscheiden, ob sie lieber mit 63 oder 67 Jahren in Rente gehen wollen und ob Sie von dieser Rente überhaupt leben können. Sie können nicht einmal darüber abstimmen, ob Sie einen neuen Krieg mit Russland wollen oder lieber nicht. All das entscheiden frei gewählte Politiker "alternativlos" für ihr Volk.

Fordern Sie deshalb nicht freie Wahlen nach westlichem Vorbild. Folgen Sie nicht prowestlichen Oppositionskandidaten. Lassen Sie sich nicht vor den Karren der NATO spannen! Lassen Sie sich nicht von frei gewählten Politikern und kapitalistischen Konzernen Ihre Lebensbedingungen diktieren! Diese werden darüber nicht besser. Erobern Sie nicht Parlamentssitze und Präsidentenpaläste. Wenn Sie dem Schicksal der Lohnabhängigen in anderen Ländern Osteuropas entgehen wollen - erobern Sie die demokratische Verfügungsgewalt der arbeitenden Klassen über die ökonomischen und sozialen Lebensbedingungen in Ihrem Land. Bilden Sie Räte!

3.3.2. Der politische Zirkus Deutschlands und sein Zauberlehrling Heiko Maas als der Außenminister im Fall Nawalny.

Dr. Ahmet Morkal

„Bundesaußenminister Heiko Maas befürwortet ein neues EU-Sanktionspaket gegen die Unterstützer des weißrussischen Präsidenten Alexander Lukaschenko."

Weil das im Fall Skripal so gut geklappt hat, versuchen die transatlantischen US-Vasallen in der Bundesregierung in Berlin mit demselben britischen Skripal-Zaubertrick das Nawalny-Kaninchen aus dem Nowitschok-Hut zu zaubern, denn die deutsche Bevölkerung muss gegen die bösen Russen in Stellung gebracht werden. An vorderster Front dieser anti-russischen Hetzkampagne spielt der Zauberlehrling Heiko Maas den Außenminister. Letzterer stellt die Personifizierung der Dekadenz und des Niedergangs der „SPD" [47)] dar, die kaum noch tiefer fallen kann.
„Der Fall Nawalny fügt sich in ein zunehmend negatives Bild Russlands im Westen ein"[48)] und "[49)], das durch den Skripal-Anschlag, den Tiergartenmord, die Hackerangriffe auf den Deutschen Bundestag und die Einmischungsversuche in die Wahlkämpfe verschiedener westlicher Staaten geprägt ist. Keine dieser Bezichtigungen ist mit Tatsachen belegt. Nicht einmal halbwegs diskutable Indizien sprechen für sie. Die Entwürfe wurden in den Giftküchen westlicher Geheimdienste und Propaganda-Apparate kreiert.
Es geht der Kumpanei von bedenkenlosen Mainstream-Journalisten und Politstrategen mit dem eingangs zitierten Befund um die Verfestigung russlandfeindlicher Einstellungen und die Unterdrückung davon abweichender Meinungen.
Der Skripal-Fall ist nicht geklärt. Die britischen Behörden haben Vater und Tochter Skripal einfach verschwinden lassen. Die Gruselmär vom Nowitschok-Attentat auf die beiden, ausgeführt von erfundenen russischen Geheimdienstkillern nach Drehbuch von James-Bond-Filmen, war rundum derart unhaltbar geworden, dass man sie einfach aus den Schlagzeilen verbannte und den "Fall" der Vergessenheit überließ. War da noch was?
Nach wie vor unbekannt sind die Verantwortlichen für die Hacker-Angriffe auf den Bundestag. Hochprofessionelle Hacker lassen sich nun mal nicht einfach aufspüren, sie können immer falsche Spuren legen. Natürlich verdächtigt unsere politische Funktionselite so kaltschnäuzig wie beweislos den russischen Geheimdienst. Russophobie bis unter die Haarspitzen. „Erwiesen hat sich hingegen, dass die US-amerikanischen Schnüffeldienste bei

---

47 Norbert Walter-Borjans, der SPD-Chef in einer Pressekonferenz am Mittwoch gegenüber Sputnik sagte : Wir hatten bereits den (Skripal-)Fall in Großbritannien, und wir hatten schon einen Fall, der Deutschland unmittelbar als Tatort betraf – nämlich den Tiergarten (Anm.: Mord im sogenannten 'Kleinen Tiergarten' in Berlin-Moabit an dem Georgier Selimchan Changoschwili tschetschenischer Herkunft). Das sind alles Dinge, die die Sache komplexer machen als ein Fall allein.

48 RT vom 22.1.2021:Die russische Generalstaatsanwaltschaft stellte am 21. Januar erneut ein Rechtshilfeersuchen an die deutschen Behörden. Bereits im August und September 2020 waren vier solcher Ersuchuen gestellt worden. Erst am 16. Januar 2021, einen Tag vor dem Abflug Nawalnys aus Berlin, antwortete das Bundesamt für Justiz, weigerte sich aber für den Fall relevante medizinische Daten zu übermitteln.

49 Die Linksfraktion im Deutschen Bundestag hat Fragen an die Bundesregierung zum Umgang mit den russischen Rechtshilfeersuchen im Fall-Nawalny gestellt. Die Antworten wurden größtenteils mit "Interessen des Staatswohls" verweigert. Amira Mohamed Ali, Dr. Dietmar Bartsch und sonstige Abgeordnete der Fraktion nahmen dabei auf die Vorwürfe Moskaus Bezug, Berlin behindere die russischen Ermittlungen und verstoße damit gegen das "Europäische Übereinkommen über die Rechtshilfe in Strafsachen" von 1959. "Damit setzt sich die Bundesregierung einem Verdacht aus. (...) Welche Staatsgeheimnisse Deutschlands gibt es in Bezug auf den Umgang der Bundesregierung mit den Rechtshilfeersuchen Russlands?" Das bisherige Schweigen zu den Rechtshilfeersuchen und die Nichtbeantwortung der Fragen durch die Bundesregierung seien weder rechtstaatlich noch demokratisch. Die Bundesregierung wortwörtlich: "Die Offenlegung der erfragten Informationen würde das Staatswohl in besonders hohem Maße beeinträchtigen, weil die Gefahr besteht, dass Einzelheiten bekannt werden, die im Rahmen der Zusammenarbeit mit ausländischen Partnern besonders schutzwürdig sind."

uns längst Hausmeister sind und die NSA sogar das Handy der Kanzlerin abgriff. Der Merkel-Satz "Abhören unter Freunden, das geht gar nicht"[50] gehört als weltweit wohl dämlichste Stellungnahme eines Spitzenpolitikers zu einem geplatzten Geheimdienstangriff auf seinen Staat ins Guinnessbuch der Rekorde. Auch die angeblichen russischen Einmischungsversuche in ausländische Wahlvorgänge sind nachweislich nur Propagandaböller. Sie dienen jedoch fortwährend zur Rechtfertigung zunehmender staatlicher Kontrolle über den öffentlichen Meinungsaustausch. Die vom US-Kongress veranlassten Mueller-Untersuchungen gegen Trump haben zweifelsfrei ergeben, dass an der intriganten Kabale namens "Russiagate" nichts Wahres war. Dennoch wird den Russen auch von deutscher Seite nach wie vor unterstellt, sie versuchten, demokratische Prozesse im Ausland zu manipulieren.
An Widersprüchlichkeit, Stupidität und Realitätsferne wie an Feindseligkeit und Gefährlichkeit unerreicht sind die Storys unterm Rubrum Nawalny-Experiment.
Der Faktenfinder der ARD-aktuell hat in seinem bereits erwähnten Beitrag Silvia Stöber Gift spritzen lassen, eine Autorin mit privilegiertem Arbeitsvertrag und bescheidener, von der Konrad-Adenauer-Stiftung geschulter Sichtweise. Ihr Artikel beweist, wie billig man Fakten mit Meinung ersetzen und gutes Geld mit schlechtem Journalismus machen kann.
Dass auch im Journalismus Unvereinbarkeitsregeln gelten, hat sich ersichtlich nicht bis zur ARD-aktuell-Chefredaktion und erst recht nicht bei den zuständigen NDR-Rundfunkräten herumgesprochen. Über Stöber ist eigentlich bekannt, dass sie in Georgien an einer Regierungskonferenz teilnahm, die vom Atlantic Council, dem German Marshall Fund of the United States und der Konrad-Adenauer-Stiftungunterstützt wurde. Wohlgemerkt: Die ARD-Journalistin agierte dort nicht als Berichterstatterin, sondern als Mitwirkende an der Seite von Ministern und NATO-Generälen.

Der zweite Autor des in Rede stehenden Beitrages ist Patrick Gensing, Redaktionsleiter des Tagesschau-Faktenfinders. Von ihm weiß man aus eigenem Bekenntnis, wes Geistes Kind er ist:
Ich glaube, dass man die Leute eher gewinnen kann, wenn im Journalismus eine Haltung vertreten wird, als wenn man da irgendwie einfach nur Fakten angehäuft werden. (sic) Das ist in meinen Augen auch überhaupt nicht Journalismus.
Ach so. Gesinnung also statt Fakten. "Leute gewinnen" statt informieren. Die neue Maßeinheit für miesen Journalismus im übergesetzlichen Notstand: der "Gensing". er dürfe die staatsvertragliche Pflicht des öffentlich-rechtlichen Rundfunks zu faktenorientierter, objektiver Berichterstattung in faktenfreie Beeinflussung umkehren.
Seine "Haltung" zeigt er reichlich ungeniert:
Russland weist stets jede Beteiligung zurück – und schlägt mit Desinformation zurück … Attacken, Vorwürfe – aber keine Angaben zum eigentlichen Thema ...: So reagierte Russland oft, wenn der Kreml in der Kritik stand.
Wenn Russland nicht beweist, dass die Beschuldigungen unzutreffend sind, dann stimmen die eben. Der Beitrag ist gespickt mit derlei Anwürfen unter Beweislast-Umkehr: "… offenbar von russischen Behörden …", "… mutmaßlich …", "… es könnte sich um Rache handeln …"
Es zeichnet diesen "Faktenfinder" aus, dass er keine Fehler einräumt und Falsches nicht richtigstellt. Die fraglos russlandfeindlichen Aussagen der Regierung reflektiert er als unstreitig zutreffend, auf Gegenrecherche und Berücksichtigung der russischen Sichtweise verzichtet er konsequent.
Auf politischen Konformismus abgerichtete Journalisten interessiert eben nicht, warum die Bundesregierung sich weiterhin weigert, den russischen Ermittlern Zugang zur deutschen Untersuchung des Nawalny-Vorfalls und den vorläufigen Ermittlungsergebnissen zu gewähren. Mehrere russische Rechtshilfeersuchen "prüft" die Berliner Justizverwaltung seit

50 https://rp-online.de/politik/deutschland/nsa-ausschuss-mein-name-ist-angela-dorothea-kasner_aid-19267741

Wochen, erfüllt ist bisher keines. Dabei liegt doch nahe, die Blut-, Urin- und Gewebeproben, die dem Patienten Nawalny im Krankenhaus Omsk und danach in der Berliner Charité entnommen wurden, noch einmal von unabhängigen Instituten außerhalb Russlands und Deutschlands abgleichen und prüfen zu lassen. So käme man der Wahrheit auf die Spur. Die deutsche Weigerung kann nur einen Grund haben: Merkel, Seibert, Maas & Co. haben etwas zu verbergen, sagen die Unwahrheit und manipulieren die Öffentlichkeit. Eine schlechte Kopie der britischen Skripal-Farce.
Ungeachtet seiner medizinischen Erste-Klasse-Versorgung in Deutschland und des ihm gewährten, extrem teuren Personenschutzes, ungeachtet der deutschen Gastfreundschaft, die auch seine Angehörigen und seine politische Entourage einbezog, erdreistete Nawalny sich, im Gespräch mit dem Schmutzblatt Bild den Alt-Kanzler Gerhard Schröder als korrupten, aus schwarzen Kassen bezahlten "Laufburschen Putins" zu beschimpfen.
Bundeskanzlerin Merkel hätte die Vorwürfe umgehend zurückweisen müssen, schon aus Selbstachtung und aus Respekt vor der Würde des Amtes, das Schröder vor ihr bekleidet hatte. Nawalny hat sein Gastrecht missbraucht. Schon deshalb hätte Merkel ihn auffordern müssen, das Land zu verlassen. Desgleichen waren Vizekanzler Olaf Scholz und die SPD-Vorsitzenden gefordert, klare Kante zu zeigen. Aber auch sie bestätigten nur ihre Stillosigkeit und Mangel an Ehrgefühl.

Der sozialdemokratische "Russlandexperte" Gernot Erler.: „Wenn man rein rechtlich das betrachtet, rein juristisch, ist das zutreffend, aber natürlich nicht politisch. ... Es ist auch schwer beweisbar, dass Putin hinter diesem Anschlag steht. Aber die politische Verantwortung ändert sich ja dadurch nicht und der muss sich Russland stellen. Und da können wir nicht länger akzeptieren, dass dieser Spruch, der immer wieder kommt – 'keine Beweise' – dann die einzige Antwort ist.“ [51)]

"Putins Rakete" war die Schlagzeile der britischen Boulevardzeitung The Sun. Der Titel implizierte, dass der russische Präsident persönlich die Rakete abfeuerte, die angeblich das Passagierflugzeug abgeschossen hatte. "MH17: Kann Russland zur Rechenschaft gezogen werden?" fragte The Economist – was wiederum die Feststellung vorwegnahm, wer für den Absturz verantwortlich war.
Russlands Schuld stand bereits fest, bevor eine Untersuchung durchgeführt werden konnte. Selbst die Aussage "Lasst uns eine Weile abwarten, bis wir weitere Beweise sehen" wurde als Teil von "Putins Lügenmaschine" aufgegriffen. Nur acht Tage nach der Tragödie sagte der niederländische Außenminister Frans Timmermans, die EU werde ihre bereits bestehenden Sanktionen gegen Russland wegen des Absturzes ausweiten.
"Wir sind sehr unglücklich, weil es von Anfang an eine politische Frage war, wie man Russland eines Fehlverhaltens beschuldigen konnte. Noch bevor sie Untersuchungen anstellten, sagten sie bereits: Russland. Und jetzt sagten sie, sie hätten Beweise. Es ist sehr schwierig für uns, das zu akzeptieren", war (im Juni 2019) die Ansicht des malaysischen Premierministers Mahathir bin Mohamad. "Wir benötigen für uns einen Beweis der Schuld... aber bisher gibt es keinen Beweis. Nur Hörensagen", fügte er hinzu. "Ich hoffe, dass jeder in Richtung auf die Wahrheit hinarbeiten wird." so de malaysische Premierminister Mahathir bin Mohamad. [52)] Jedoch bleibt es eine Tatsache, dass der Kreml im Einklang mit der Resolution 2166 des UN-Sicherheitsrats eine "vollständige, gründliche und unabhängige Untersuchung" des Absturzes gefordert hatte.

Berlin hat deren blutige Abenteuer, wo immer es möglich war, nach Kräften flankiert. Als die türkischen Staatsislamisten ihren Angriffskrieg gegen die kurdische Selbstverwaltung in

---

51 www.deutschlandfunk.de/schroeder-und-putin-eine-maennerfreundschaft-ohne.694.de.html?dram:article_id=485436

52 https://abcnews.go.com/International/wireStory/malaysia-rejects-russian-involvement-mh17-downing-63828400

Rojava starteten, hat Kanzlerin Merkel auf europäischer Ebene selbst die Errichtung eines Waffenembargos gegen die Türkei torpediert.
Darf es noch ein bisschen mehr sein für ein Regime, das massenhaft foltert, das ethnische Säuberungen, die Zerstörung ganzer Städte und blanken Massenmord betreibt.
Aber klar doch! Mitunter geht Berlin so weit, die ethnischen Säuberungen von Kurden oder religiösen Minderheiten in den von der Türkei eroberten, nordsyrischen Gebieten zu finanzieren, ohne dass dies großartig in der nun im Demokratiefieber befindlichen Medienlandschaft der Bundesrepublik überhaupt großartig bemerkt würde.
Die Empörung über die Repression in Belarus
Angesichts all dessen, wozu Deutschland Außenpolitik gegenüber einem Regime fähig ist, das buchstäblich uniformierte islamistische Kopfabschneider-Banden bei seinen Angriffskriegen wüten lässt, nimmt sich die plötzliche Empörung gegenüber dem Vorgehen der Staatsorgane in Belarus regelrecht lächerlich aus.
Empörung müsste hierbei vor allem die Schamlosigkeit auslösen, mit der die politischen Funktionsträger und Meinungsmacher der Bundesrepublik - aufbauend auf dem Kurzzeitgedächtnis der Öffentlichkeit - agieren. Die Bundesregierung in Gestalt von Außenminister Heiko Maaß, die selbst bei türkischen Angriffskriegen kein Waffenembargo erlassen wollte, fordert nun stärkeren Druck auf Belarus und Sanktionen, da die Repression der belarusischen Polizeieinheiten "im Europa des 21. Jahrhundert nicht akzeptabel" sei. Da hat Erdogan ja nochmal Glück gehabt. [53)]
Die mediale und politische Empörung über das brutale Vorgehen der Staatskräfte in Belarus, bei dem zwei Menschen starben und Tausende Demonstranten in Gefängnissen verschwanden, kontrastiert mit der Zurückhaltung gegenüber den Berichten von Massenmorden in den Kurdengebieten der Türkei, bei denen die "Beweisführung" leider so unglaublich "schwer" sei, wie es die FAZ 2017 formulierte, als der türkische Staat im Rahmen eines in Deutschland kaum beachteten, mörderischen Feldzuges seine kurdische Minderheit de facto ihrer demokratischen Repräsentanz beraubte.“ [54)]
Die mediale und politische Empörung über das brutale Vorgehen der Staatskräfte in Belarus, bei dem zwei Menschen starben und Tausende Demonstranten in Gefängnissen verschwanden, kontrastiert mit der Zurückhaltung gegenüber den Berichten von Massenmorden in den Kurdengebieten der Türkei, bei denen die "Beweisführung" leider so unglaublich "schwer" sei, wie es die FAZ 2017 formulierte, als der türkische Staat im Rahmen eines in Deutschland kaum beachteten, mörderischen Feldzuges seine kurdische Minderheit de facto ihrer demokratischen Repräsentanz beraubte.
Tausende kurdischer Zivilisten wurden getötet, ganze Stadtteile dem Erdboden gleichgemacht, zehntausende Funktionäre der liberalen prokurdischen Partei HDP, die sich für eine gewaltlose Lösung der Kurdenfrage einsetzten, verrotten in türkischen Gefängnissen, Dutzende gewählter Bürgermeister der Partei wurden einfach abgesetzt, ohne dass es dies die herzliche - und für Siemens & Co. äußerst einträgliche - Beziehung zwischen Heiko Maas und seinem türkischen Amtskollegen Cavusoglu sonderlich belastet hätte.
Olaf Scholz (SPD) zeigte sich erschüttert von den Folterspuren, die Demonstranten in Belarus durch Polizeigewalt davongetragen haben. Laut dem ZDF sieht der Kanzlerkandidat der SPD, der bei dem G20-Gipfel in Hamburg partout keine Polizeigewalt sehen wollte, im belarussischen Staatschef Lukaschenko nun einen "illegitimen Diktator" (beim ZDF scheint man offenbar der Meinung zu sein, es gibt auch legitime Diktatoren).
Einen der kompetentesten Gesprächspartner, um über Foltertechniken fachzusimpeln, würde der hoffnungslose Kanzlerkandidat der SPD sicherlich in seinem türkischen Regierungskollegen finden, wo die Folter gegenüber Kurden und Oppositionellen wieder

---

53 die FAZ 2017

54 die FAZ 2017

zum Standardrepertoire staatlicher Repression gehört. Bei Erdogan, der Merkel jederzeit mit einer neuen Flüchtlingswelle erpressen kann, muss es sich somit um einen jener "legitimen Diktatoren" handeln - auch wenn er in seinen öffentlichen Reden inzwischen offen die Grenzen der Türkei infrage stellt und umfassende Territorialansprüche erhebt.
Diese Schizophrenie in der Wahrnehmung autoritärer Regime und Diktaturen in der veröffentlichten Meinung Deutschlands ist dabei nur ein Symptom für die geopolitischen Verschiebungen der letzten Jahre: Was sind derzeit in der machtpolitisch aufstrebenden Bundesrepublik etabliert, ist ein imperialer Diskurs, wie er in den absteigenden USA zur Legitimierung geopolitischer Interventionen seit Jahrzehnten üblich ist - und bei dem die selektive Wahrnehmung oder das Ignorieren von Menschenrechtsverletzungen als propagandistisches Mittel der Außen- und Geopolitik fungiert.
Das stoische Ignorieren all der Gemetzel, die Erdogan als enger Bündnispartner Berlins verüben lässt, geht bei Unruhen im geopolitischen Hinterhof Russlands nahtlos in die Skandalisierung polizeilicher Repression über, wie sie auch in Deutschland auch aktuell durch Polizeikräfte verübt wird, die sich zunehmend wie der uniformierte Arm des deutschen Rechtsextremismus aufführen.
Dabei lautete noch vor wenigen Jahren in Deutschland und in den alten Ländern der Europäischen Union der außenpolitische Konsens, dass "ohne Russland Frieden und Stabilität in Europa nicht möglich sind, und gegen Russland erst recht nicht". Diese Einsicht hat seither nichts von ihrer Richtigkeit verloren, und in den Köpfen eines Großteils der Bevölkerung ist der Wunsch nach Frieden mit Russland fest verankert. Dem jedoch wollen die transatlantischen Kriegstreiber in der EU mit gefakten Horrorgeschichten des Typs Skripal und jetzt mit der fingierten Nowitschok-Vergiftung Nawalnys entgegenwirken.

Fazit: Russland solle doch bitte kooperieren im Fall Nawalny. Und was hat die russische Seite gemacht? Sie ist darauf eingegangen. Sie hat diesen Brief an den Bundestagspräsidenten geschrieben; im ersten Teil beklagt sie sich darüber, wie ungerecht die russische Seite behandelt wird. Und im zweiten Teil machen sie dann das interessante Angebot, im Fall Nawalny eine deutsch-russische Kontrollkommission aus Angehörigen beider Parlamente zu gründen. Die Ermittlungen sollen sogar auf deutschem Territorium stattfinden. Auch das halte ich für wichtig, damit keiner sagen kann, die Russen würden etwas manipulieren.

Sein Kollege Kai Seidensticker drückt das zwar etwas anders aus, meint aber das Gleiche: "Die Polizeiarbeit findet ja in der Regel in sozial schwächeren Milieus statt. Sie ist auch mit einer womöglich lauernden Gefahr im Alltag verbunden. Und dass Polizeibeamte, die dort eingesetzt sind und häufig und lange in diesen Bereichen arbeiten, sehr stark in ein Schwarz-Weiß-Denken übergehen. Das heißt, ich habe immer das Schlechte, was ich sehe und reflektiere dann in meiner Gruppe das gute Gegenstück." Seidensticker, und mit ihm auch weitere Experten, empfehlen daher, dass Polizisten häufiger die Dienststelle wechseln sollten.“ [55)]

3.3.3. Wer ist „Alexej Nawalny und was will er“ ?

Dr. Ahmet Morkal

55 vgl. "Was ist los bei der Polizei?" ARD Exclusiv, 19.10.2020

„Der Verdacht einer chemischen Attacke auf „Alexei Nawalny“[56)] sei bislang mit keinem Beweis belegt.“

„Nawalny“[57)] hat seine politische Karriere in den 2000er Jahren mit einem Sitz im Vorstand der „liberalen“ Partei Jabloko begonnen, der Partei, die im transformationsverwüsteten Russland unverdrossen die Ideale von Marktwirtschaft und Demokratie gegen die durch die Anwendung dieser Ideale gestifteten Zustände hochhält. „Jabloko schloss Nawalny schließlich wegen seiner rechtsextremen Gesinnung aus. Die Parteiführung stellt später fest, dass "Schwärmerei für Nawalny und die Mitgliedschaft in der Partei unvereinbar sind".“[58)] Mit Mitteln des US-amerikanischen „National Endowment for Democracy“ baut er die Jabloko-Jugendorganisation DA! (Demokratische Alternative) auf, kombiniert aber auch ohne unnötige Skrupel den marktwirtschaftlichen Reformradikalismus dieser Partei mit dem „Rechtsradikalismus der „Russischen Märsche“, hetzt gegen die „Schwarzen“ (der in Russland gängige rassistische Terminus für aus den Südrepubliken zugewanderte Menschen) und andere „Kakerlaken“. Die populäre Aversion gegen Fremde, die bekanntlich verhindern, dass der Russe zu dem Seinen kommt, als Hebel für den politischen Aufstieg auszuprobieren, ist ja nur naheliegend, wie die westlichen Fans von Nawalny heutzutage diese jugendliche Episode entschuldigen. Da Jabloko bei den Parlamentswahlen 2007 mit nur 1,7 Prozent in Bedeutungslosigkeit versinkt, sucht er sich eine andere Lebensaufgabe. Das Plädoyer für eine ethnische Reinigung Moskaus hat ihm neben guten Verbindungen zu einflussreichen extremen Rechten auch viel populäre Aufmerksamkeit eingebracht, die er nun anders weiter verwertet.

Im Jahr 2011 erschien ein Porträt über Nawalny in der New York Times:“59[)]
„Er ist als Redner an der Seite von Neonazis und Skinheads aufgetreten und hat einmal in einem Video mitgewirkt, in dem er dunkelhäutige Kaukasus-Kämpfer mit Kakerlaken vergleicht. Während Kakerlaken mit einem Pantoffel getötet werden können, sagt er, dass er im Falle von Menschen eine Pistole empfehle."“

Auch Dem BBC-Bericht nach soll er damals gesacht haben:[“60)]
"Wir haben Probleme mit illegaler Migration, wir haben Probleme auf dem Kaukasus, wir haben Probleme mit ethnischer Kriminalität. Laut BBC skandiertn die Teilnehmer der Demonstrationen "Russland den Russen" und "White Power".

Seit seiner Jabloko-Zeit operiert er mit nichts anderem als den Maßstäben sauberer Profitmacherei und ordentlichen Regierens, also unter Berufung auf genau das Programm, mit dem seit der Präsidentschaft Boris Jelzins die ökonomische Hinterlassenschaft der Sowjetunion ruiniert worden ist. Gegenüber dieser Etappe wie gegenüber den

---

56 Tatsächlich war Nawalny im Jahr 2014 der Untreue und Geldwäsche für schuldig befunden und zu einer dreieinhalbjährigen Bewährungsstrafe verurteilt worden. Das Gericht legte ihm auf, sich regelmäßig persönlich bei den Behörden zu melden.

57 Der Deutschlandfunk vom 2021 fragte sich immerhin nun: „Wofür steht er inhaltlich?“ Üble, nationalistische Reden Nawalnys, gehalten vor russischen Faschisten, sind schnell gefunden, und auch sonst fällt das Zeugnis schlecht aus: Ein Macho sei er, autoritär obendrein, und wofür er politisch überhaupt stehe, sei nicht klar, so der Politologe Dmitri Oreschkin.

58 https://tvrain.ru/teleshow/here_and_now/zampred_moskovskogo_jabloka_galina_mihaleva_zamuzh_za_navalnogo_ja_by_ne_vyshla_on_ubezhdennyj_natsionalist-348554/

59 The New York Times Dec. 9, 2011,: here is another video navalny is not keen to share anymore, in which he compares muslims to cockroaches and flies and recommends shooting them with guns if swatters and shoes failhttps://t.co/xf0yDtA4s5, — katya (@kazbek) January 19, 2021

60 www.bbc.com/news/world-europe-15596400:

Anstrengungen unter Putin, Staat und Wirtschaft zu reparieren, besteht er auf diesen Maßstäben und darauf, dass die russische Politik gegen sie verstoßen haben muss und verstößt – sonst wäre Russland schließlich ein Erfolgsmodell. So aber: nichts als Korruption.

Dass Nawalnys politische Leistung, den gesamten Putin-Staat auf private Gier und Bereicherungssucht herunterzubringen, im Westen mit lautem Applaus gewürdigt wird, spricht auch nicht gerade für das dort angeblich beheimatete aufgeklärte Denken.

Den Widerspruch der „gelenkten Demokratie", das Volk zum Wählen antreten zu lassen, das Ergebnis aber auch getrennt davon abzusichern, beutet wiederum Nawalny aus: Er lanciert auf allen Ebenen und bei jeder Gelegenheit den Vorwurf der Wahlfälschung, also der Missachtung des Volkswillens, und stellt sich dann selbst als Kandidaten auf: Mit der Losung „Alle Amtsträger sind Diebe" kann man auch gut Wahlkampf und sich in den Medien hörbar machen. Und wenn man nicht zur Konkurrenz um Ämter zugelassen wird, beweist dies nur um so eindrücklicher die Korruptheit des Systems.
Über sein Dauerduell mit den Behörden samt einigen Verurteilungen und Gefängnisaufenthalten, unter anderem wegen unerlaubter Proteste, zum bekanntesten Regimegegner aufgestiegen, darf Nawalny sogar als Einheitskandidat der Opposition bei den Bürgermeisterwahlen in der Hochburg der Putin-Kritiker Moskau antreten und ganze 27 Prozent der Stimmen auf sich vereinigen. Das beflügelt ihn zur Kandidatur bei der Präsidentschaftswahl von 2018, woran ihn dann allerdings die Staatsmacht mit dem Mittel laufender Strafverfahren auch entgegen den Protesten aus der EU und vom US-Außenministerium hindert. Sein Angebot an die Wähler besteht durchgängig in der einsilbigen Parole: „Russland ohne Putin!" Bei der Frage, wie eine andere Politik aussehen sollte, verhält sich Nawalny bemerkenswert zurückhaltend bzw. eben sehr politisch: Das geht ja letztlich die Wähler bei einer Wahl auch gar nichts an; für die muss ein neues Gesicht, zum Beispiel seines, reichen – sowie die Versicherung, dass mit dem Verschwinden Putins auch automatisch alle Übel verschwinden, an denen der moderne Russe leidet.
Mit seinem neuesten Projekt „Smart Voting" propagiert Nawalny Wählen als Obstruktion und ruft die Wähler dazu auf, in sämtlichen Wahlen und Regionen jeweils den Kandidaten zu unterstützen, der gegen die Kandidaten von „Einiges Russland" die besten Aussichten hat. Was immer den Wähler so umtreibt, ist nicht von Belang, auch was das Programm des Kandidaten sein mag, ist vollkommen Wurst. Hauptsache, der „Partei der Macht" wird ein Strich durch die Rechnung gemacht und Putins „Vertikale der Macht" damit geschadet – auch bei den Kommunal- und Regionalwahlen geht es ja immer und überall nur um die personelle Sicherung seiner Linie auf allen Ebenen, per Regionalfürst und Bürgermeister. Und nebenbei verbucht Nawalny selbstverständlich alle Stimmen, die nicht für Putin abgegeben werden, für sich. Zwar bleiben seine Zustimmungswerte in Russland immer noch – im Verhältnis zur „systemtreuen" Opposition à la KP oder Wladimir Schirinowski – marginal; was aber das westliche Ausland nicht daran hindert, ihn als Haupt der russischen Opposition zu feiern.
Schließlich beruhen die Erfolge Nawalnys, der zwischenzeitlich auch durch ein Stipendium der Weltelitenverknüpfungsstätte Yale World Fellows Program als Hoffnungsträger ausgewiesen worden ist, entscheidend auf der Unterstützung durch den Westen. Die USA und die EU stehen in Gestalt ihrer NGOs hinter seiner Gegenöffentlichkeit, finanzieren seinen Propagandaapparat, versorgen ihn mit Skandalstoff, aufwendigen Recherchen und Zugang zu geheimen Dokumenten. Einem einfachen russischen Staatsbürger, als der sich Nawalny gerne gibt, stehen die Mittel zu Drohnenaufnahmen von Villen von Regierungsmitgliedern oder Oligarchen im Ausland, zum Hacken von Computern und Handys ja eher nicht zur Verfügung.

Die ständige wohlwollende und ausgiebige Berichterstattung westlicher Staatsmedien, DW Ausland, RFE/RL, BBC World etc., die (im Gegensatz zu RT im Westen) in Russland die richtige Meinungsfreiheit betreiben und also gar nichts mit Einmischung zu tun haben, ist ihm sowieso sicher. Darüber hinaus erringt sein Kampf um Gerechtigkeit auch schon materielle Erfolge: Nawalny wird zum ziemlich erfolgreichen Dauergast des Europäischen Gerichtshofs für Menschenrechte, der ihm und der Welt mit schöner Regelmäßigkeit bestätigt, dass er im Recht ist, der russische Staat im Unrecht, und letzteren mit Strafzahlungen eindeckt. Unter anderem auch dafür, dass Nawalny selbst vor einem russischen Gericht wegen Korruptionsverfahren angeklagt und rechtskräftig verurteilt worden ist, damit er nicht mehr zur Präsidentenwahl antreten kann und um überhaupt seinen Nimbus als Saubermann zu beschädigen.

Ganz im Sinne seiner Freunde und Förderer tritt Nawalny schließlich auf deutschem Boden als Repräsentant des „anderen Russlands" auf, als Verkörperung von Russlands unveräußerlichem Recht auf von uns gebilligte Opposition: Er kanzelt Gerhard Schröder ab, klagt – surprise! – Putin an, bestellt EU-Sanktionen à la carte und gibt sich überhaupt ausgesprochen staatsmännisch. Seine Putin-Kritik mit den Stichworten „Gauner und Diebe" lässt sich ja leicht durch „Mörder" ergänzen. Und wozu sein Fall sonst noch gut ist, das liegt ohnehin in anderen Händen.

Deutschland mischt sich ein

Nach der Schreckensmeldung aus Sibirien wird aus dem Stand der Krankentransport nach Berlin organisiert, so dass alle Welt sehen kann, was für eine humanitäre Großmacht Deutschland ist und wie weit seine Zuständigkeit reicht. Das heißt natürlich nicht, dass die Charité nun generell als Rettungsstation für Opfer politischer Gewalt in Ländern mit zweifelhaftem Gesundheitswesen da sein soll. Auf die Herkunft und den politischen Handelswert der Opfer kommt es da schon an. Der Handelswert Nawalnys ergibt sich aus der Macht, deren Opfer er geworden sein soll. Deutschland holt sich das Opfer in seine Charité, um sich zum Veranstalter und Chefankläger in einer Art von Tribunal zu machen – gegen Russland und dessen Herrschaft.

Frank-Walter Steinmeier: „Hier ist ein Verbrechen verübt worden, dessen Verantwortliche nur in Russland zu finden sein werden."[61] Weil Verbrechen auf russischem Boden nur von Russen begangen worden sein können? „Wir erwarten, dass sich die russische Regierung zu diesem Vorgang erklärt. Es stellen sich jetzt sehr schwerwiegende Fragen, die nur die russische Regierung beantworten kann und beantworten muss."[62] Weil nur der Täter weiß, wer die Tat begangen hat? Weil man zu unterstellen beliebt, dass die russische Regierung die Instanz ist, die die Tat mindestens gebilligt, wenn nicht in Auftrag gegeben hat? „Angesichts der herausgehobenen Rolle von Herrn Nawalny in der politischen Opposition in Russland sind die dortigen Behörden nun dringlich aufgerufen, diese Tat bis ins letzte aufzuklären – und das in voller Transparenz.""[63]

Aus dem Ort und der politischen Qualität des Opfers folgern Bundespräsident, Bundeskanzlerin, Außenminister und deutsche Öffentlichkeit erstens ziemlich unisono, dass der russische Staat Deutschland gegenüber in der Pflicht ist, den Fall aufzuklären; Deutschland geriert sich gegenüber Russland wie eine übergeordnete, weisungsbefugte Behörde; woraus zweitens wiederum zwingend folgt, dass Deutschland auch für die Aufsicht darüber zuständig ist, ob Russland seiner Aufklärungspflicht genügt. Die russische Regierung hätte also – aus wohlverstandenem Eigeninteresse, versteht sich: wenn sie nicht als Mörderbande dastehen will – unsere „Fragen" zu beantworten. Der Außenminister – „Sollte sie (die russische Regierung) nichts mit dem Anschlag zu tun haben, dann sei es in

61 FAZ vom 19.11.2020

62 Pressestatement von Bundeskanzlerin Merkel zum Fall Nawalny am 2.9.2020

63 Gemeinsame Erklärung von Bundeskanzlerin Angela Merkel und Bundesaußenminister Heiko Maas zum Fall Nawalny, 24.8.2020)

ihrem eigenen Interesse, das mit Fakten zu belegen."[64] – konfrontiert also die russische Regierung mit einer originellen Umverteilung der im Rechtswesen üblichen Beweislast, sie möchte doch ihre Nichtschuld belegen. Was ihr aber auch wenig nützen würde, weil die deutsche Politik schon vorher weiß, dass Russland der ihm auferlegten Pflicht zur Aufklärung nicht genügt, nicht genügen wird, und damit bereits ein „eindeutiges Indiz für eine Tatbeteiligung" ermittelt hat.

„Wenn sich die russische Seite nicht an der Aufklärung des Verbrechens an Herrn Nawalny beteiligt, wäre das ein weiteres Indiz für die Tatbeteiligung des Staates. Sollte es über Verschleierungen und Nebelkerzen nicht hinausgehen, müssen wir davon ausgehen, dass Russland etwas zu verheimlichen hat."[65] Zusätzlich fordern Maas und andere ungefähr dreimal am Tag, dass Russland jetzt ganz schnell liefern muss, womit auch noch das Tempo zum Argument wird, wie dringlich da die deutsche Rechtsaufsicht verlangt ist.

Einmal in umgekehrter Richtung vorgestellt: Was wäre gewesen, welche Empörungsschreie von wegen Unabhängigkeit der Justiz, keine Vorverurteilungen etc. etc. wären zu hören gewesen, wenn Russland von Deutschland angesichts von zehn Jahren unaufgeklärter NSU-Morde verlangt hätte, jetzt aber einmal ordentlich und gründlich und schnell zu ermitteln? Weil sonst der Verdacht nicht abzuweisen wäre, dass es Hintermänner und Sympathisanten in der deutschen Justiz und den höchsten politischen Etagen geben muss, die am Vertuschen interessiert wären?

Wie das Tribunal angelegt ist, kann die russische Regierung, so oder so, durch Beantwortung oder Nichtbeantwortung der „Fragen" nur zur Bestätigung des Verdachts beitragen. Auch deshalb, weil ihr das Verbrechen, das unter ihrer Hoheit stattgefunden hat, nach der bestechenden Logik des „Cui bono?" zugerechnet wird: „Alexej Nawalny ist Opfer eines Verbrechens. Er sollte zum Schweigen gebracht werden Aus dem Umstand, dass das Opfer ein Oppositioneller ist, erschließt sich Merkel einwandfrei das Motiv: „zum Schweigen bringen", und mit dem Motiv steht der Täter fest. Derselbe, dem Merkel den Auftrag erteilt hat, sich gefälligst als Rechtsstaat zu betätigen – womit dann auch klargestellt wäre, warum man von dem garantiert keine Aufklärung erwarten kann, weil er ja vermutlich selbst – siehe das Motiv – der Auftraggeber des Mordanschlags ist.

Dann, nachdem alle Welt über Putin herfällt und Strafen und Sanktionen angedroht werden, kommen auch gar nicht so abwegige Zweifel an der Konsistenz der Konstruktion auf, worin denn da der Nutzen für den Kreml bestehen soll? Ob es nicht besser „Cui malo?" (wem zum Schaden) heißen müsste? Also wird die Konstruktion wasserdicht gemacht, indem der Anlass für die Zweifel mit Hilfe eines neuen Nutzens ins feststehende Feindbild eingeordnet wird: Bekanntlich herrscht der Kreml mit dem Mittel Angst. Und genau deshalb verwendet er auch ein Gift, das alle Welt sofort ihm zurechnen muss, mit ebendieser Absicht, Furcht und Schrecken zu verbreiten.

3.3.4. „Böse Russen" (...) und ein Hintergrundbericht zur Vergiftung Alexej Nawalny's alá Russland !

Dr. Ahmet Morkal

---

64 DW, 6.9.2020

65 Maas gegenüber der FAZ vom 6.9.2020

„Neue Berichte über einen angeblichen zweiten Versuch, den Politblogger Alexei Nawalny zu vergiften, sind "amüsant", so der russische Außenminister. Eine solche Anschuldigung zeige jedoch, dass dem Westen jegliche ethischen Normen bei der Feststellung von Fakten fehlen. Aber die Art und Weise, wie diese Nachrichten präsentiert werden, sagt nur eines aus: Dass unseren westlichen Partnern jegliche ethischen Normen fehlen, es ihnen an Fähigkeiten normaler diplomatischer Arbeit mangelt und sie nicht bereit sind, sich an internationale Rechtsnormen zu halten, wenn es um die Feststellung von Fakten geht." 66)

„Nach Angaben des ehemaligen britischen Nationalen Sicherheitsberaters, Lord Mark Sedwill, der im vergangenen Monat seinen Posten verlassen hat, hat das Vereinigte Königreich in den letzten Jahren Medienangriffe gegen russische Führer organisiert.
Dies wäre insbesondere im Fall Skripal der Fall. Diese Erklärungen erfolgen einige Monate, nachdem der Geheimdienst- und Sicherheitsausschuss des Parlaments (Intelligence and Security Committee of Parliament) die Unfähigkeit der Dienststellen angeprangert hat, festzustellen, ob Russland während des Brexit-Referendums eingegriffen hat oder nicht.“ " 67)

„Oh Herr, bitte schmeiß einen so größeren Stein wie Putin vom Himmel, auf den Kopf der Putin/ Russophobie - das ist nämlich nicht mehr zum Aushalten.“ (Ahmet Morkal)

“Das böse Russland (...) steht gegenüber den guten USA und dem Westen.” 68)

„Die klugen Köpfe können sehr töricht verwendet werden, sowohl von den Machthabern als auch von ihren Eigentümern selbst. Gerade um die allerdümmsten oder unhaltbaren Behauptungen oder Einrichtungen zu stützen, mietet man kluge Köpfe. Die klügsten Köpfe bemühen sich nicht um die Erkenntnis der Wahrheit, sondern um die Erkenntnis, wie Vorteile zu erlangen sind durch die Unwahrheit. Sie streben nicht nach dem Beifall ihrer selbst sondern dem ihres Bauches“.

- Bert Brecht -

“Russia’s Putin and Syria’s Assad are behaving like war criminals. There is one thing I have learned from Syria: ignoring a problem always makes it worse.” 69)
- Lindsey Graham (@LindseyGrahamSC) March 3, 2020 -

---

66 www.interfax.ru/world/741543 vom 16 Dez. 2020

67 Der ehemalige britische Nationale Sicherheitsberaters, Lord Mark Sedwill: https://www.bbc.com/news/uk-politics-54617749

68 Russland hat seinerseits alle seine chemischen Waffen bis September 2017 vollständig vernichtet. Die Vereinigten Staaten haben zuvor den Termin für die Beseitigung ihrer chemischen Waffen – wozu sie sich ursprünglich vor 2007 verpflichtet hatten – wiederholt verschoben. Das letzte Mal versprachen die amerikanischen Behörden, die Bestände bis 2023 zu liquidieren. (Lt. den den Bestimmungen der Chemiewaffenkonvention (CWK))

69 Zur Sicherheit legte Graham mit folgendem Kommentar nach: "Russlands Putin und Syriens Assad benehmen sich wie Kriegsverbrecher". das Angebot der USA, der Türkei Munition zu liefern, nur eine reflexartige Reaktion auf Russlands Lieferung von Waffen und Munition an Syrien, ein Akt der kurzfristigen Verzweiflung, um für die Tatsache zu kompensieren, dass die USA keinen Plan zur Bewältigung der sich aktuell entwickelnden Krise in Syrien haben. Und indem sie sich in diesem späten Stadium in die bilaterale türkisch-russische Diplomatie einmischen, hoffen die USA, ein Störfaktor sein zu können. In Wirklichkeit jedoch haben sie damit nur ihre Ohnmacht und ihre Irrelevanz in Syrien unterstrichen. - Die Türkei ist ja bei allem Verständnis für das Kurdenproblem völkerrechtswidrig auf dem syrischen Territorium.

Dieser Fall sollte unter dem Mikroskop betrachtet werden, denn das Leben und Werk des Alexej Nawalny waren mitnichten ein Hollywood-Blockbuster über einen Superhelden, der von bösen Mächten wie über „Putin“ (...) und „Russland“ (...) getötet wurde.
Die Erklärungen vieler Politiker und Medien auch in diesem Fall gleichen einem schlechten Hollywoodfilm in primitivster Manier, wo der Bösewicht natürlich aus Russland kommt und die Welt beherrschen will. Wenn sie dann ihre eigene Phantasie lesen, glauben sie daran. Psychologen erkennen wohl darin ein Symptom fortgeschrittener Verblödung oder pathologischer Hinterhältigkeit oder beides.
Wenn Russland – oder gleich dem "Putin-Regime" – aufs Neue ein Kapitalverbrechen angeschmiert werden soll, dann krempeln das Hamburger Nachrichtenmagazin Der Spiegel und das Propaganda-Outfit Bellingcat gemeinsam die Ärmel hoch, um "Belege" zu liefern. „So auch im Fall Nawalny"" [70]
Der Fall Nawalny wurde meines Erachtens nach aufgebaut, um hinterher den Tatverdacht auf den Lieblings-Bösewicht des Westens seit dem Fall Skripal lenken zu können, um Rusland und Putin zu beschuldigen.
Neben bloßer Empörung gibt es durchaus rational erklärbare Reaktionen, bei denen es insbesondere um das Schicksal von Nordstream II geht. Die Gegner fühlen sich in ihrer Forderung nach Aufgabe des Projekts bestärkt, was bekanntermaßen im Interesse der USA liegt. Hier findet sich auch das überzeugendste Motiv für eine inszenierte Vergiftung Nawalnys. Für die Bundesregierung eröffnen sich zwei konträre Optionen: Einerseits wird ihr ein Vorwand für eine Exit-Strategie geboten, andererseits kann sie ihre Zuverlässigkeit im westlichen Bündnis unter Beweis stellen und dadurch die Erdgas-Pipeline eher retten.
Das Drehbuch, dessen Autoren wie in vergleichbaren Fällen aus der Vergangenheit bei den "Five Eyes" zu orten sind, war vorgegeben. Die Basis für die Regierungsentscheidungen bilden das Vertrauen in die Redlichkeit westlicher Partner und die russophobe Stimmungslage, wobei die Medien die nötige Rückendeckung geben. Nicht einmal wird als störend empfunden, dass die deutsche Außenpolitik unter Heiko Maas jede Spur diplomatischen Geschicks vermissen lässt.
Da Wladimir Putin den guten Beziehungen zu Deutschland eine Schlüsselrolle beim Ausbau der Kooperation mit der EU beigemessen hat, stehen jahrzehntelange Bemühungen vor einem Scherbenhaufen. Der Graben wird sich unweigerlich vertiefen, was diplomatische Bemühungen wie etwa im Ukraine-Konflikt erschweren dürfte. Politische Kräfte in Moskau, die eine stärkere Hinwendung in Richtung Asien wünschen, werden an Gewicht gewinnen.
Die Entscheidung der russischen Führung, den Transport Nawalnys in die Berliner Charité zu genehmigen, beruhte augenscheinlich auf einer fatalen Fehleinschätzung. Eine Schadensbegrenzung ist nicht möglich, da die westliche Seite gute Gründe hat, die Analyseergebnisse unter Verschluss zu halten und einen Abgleich mit den Omsker Proben

70 Obwohl gegen den Blogger, Alexej Nawalny“, ein Strafverfahren eingeleitet wurde (mit einem Ausreiseverbot). Nach einigen Stunden intensiver Konsultationen der russischen und deutschen Mediziner, Vorbereitung eines Flugzeugs und Erholung der Besatzungsmitglieder des Sonderflugs wurde Alexej Nawalny am 22. August nach Deutschland befördert. Aus der Charité wurden Bioproben von Alexej Nawalny ebenso umgehend dem militärchemischen Speziallabor der Bundeswehr übergeben, das bereits am 2. September über die „Vergiftung“ des Berliner Patienten durch einen „Kampfstoff der Nowitschok-Gruppe“ verkündete. Es ist verwunderlich, dass die deutschen militärischen Chemie-Spezialisten, die zuvor behauptet hatten, dass sie sogar keine Vorstellung von der Struktur der berüchtigten Nowitschok-Stoffe haben, statt mindestens zwei Wochen, die für solche Analyse bezüglich des Vorhandenseins der Elemente diesen Typs durch gut vorbereitete Spezialisten erforderlich sind, nur neun Tage brauchten, um die Präsenz ihrer Spuren in den Proben Alexej Nawalnys brauchten. Damit wurde wohl in Deutschland im Rahmen eines politischen Auftrags eine chemisch-technologische Revolution im Bereich einer ziemlich nicht einfachen binären Synthese chemischer Stoffe durchgeführt. Bereits am nächsten Tag – 3. September – folgten Erklärungen des Außenministers der Bundesrepublik Deutschland, Heiko Maas, über einen „Angriff mit einem chemischen Nervenkampfstoff“ und der EU – mit „Verurteilung des Angriffs auf Alexej Nawalny“ und Drohung der Sanktionen. Solche Synchronisierung der Handlungen und blitzschnelle kategorische Beschlüsse, selbst ohne geringsten Versuch, das Geschehene zu klären, sind einfach erstaunlich. Sie können nur eines bedeuten – die Gesundheit des russischen Bloggers ist im Grunde genommen zweitrangig. Vorrangig ist für den Westen, einen weiteren Anlass zur Fortsetzung der antirussischen Aktionen zu finden.

zu verhindern. Bereits bevor der Laborbefund des Bundeswehrinstituts veröffentlicht wurde, hat der ehemalige stellvertretende US-Finanzminister Paul Craig Roberts der russischen Regierung Naivität vorgeworfen. Seine Voraussage, dass nicht nur eine Vergiftung des russischen Oppositionellen "bewiesen", sondern auch Putin persönlich verantwortlich gemacht würde, hat sich auf dramatische Weise bewahrheitet.
Die westliche Reaktion darauf wäre vielleicht noch gravierender gewesen. Der Vorwurf der vorsätzlichen Vertuschung, Manipulation wäre nicht ausgeblieben etc.
Das sich die russische Führung nicht in den Weg gestellt hat, hat auch viele überrascht. So verhält man sich doch nicht, wenn man etwas zu verbergen hat.

Nawalnys Zusammenbruch nach dem Abflug von Tomsk ist ein unbestreitbarer Fakt. Drei mögliche Gründe kommen in Frage: Eine Vergiftung, ein Schwächeanfall ohne Fremdeinwirkung oder eine Selbstinszenierung. Letztere kann ausgeschlossen werden, da eine Simulierung den Omsker Ärzten nicht verborgen geblieben wäre. Falls Nawalny vergiftet wurde, wie es seine Begleiter vermuteten, müsste dies auf eine Art geschehen sein, die im Omsker Krankenhaus nicht nachgewiesen werden konnte. Hierbei ist bemerkenswert, dass der Cheftoxikologe Alexander Sabajew ein cholinerges Syndrom festgestellt hat, das sich "mosaikartig und für eine kurze Zeit" manifestieren würde. Nawalny wurde deshalb Atropin verabreicht.
Dieser Befund wurde jedoch als unbedeutend erachtet, sodass die Ärzte zu der Diagnose gelangten, dass Nawalny an einer Störung des Kohlenhydratstoffwechsels vor dem Hintergrund einer Pankreatitis litt. Sie wiesen darauf hin, dass er als Folge einer Diät abnahm und bereits mehrere Tage Probleme mit Verdauung und Ernährung hatte. Hinzu sind Stress und das fehlende Frühstück getreten. Wenn auch Nawalny nicht direkt vergiftet wurde, kann ihm dennoch ein Mittel zugeführt worden sein, das - neben den erwähnten gesundheitlichen Belastungen - den plötzlichen Kollaps bewirkte. Dies ist erst einmal reine Spekulation, auf die an späterer Stelle zurückgekommen wird.
Der Zusammenbruch Nawalnys während des Flugs und seine Einlieferung in das Omsker Krankenhaus wurden von einer breiten Medienberichterstattung im Westen flankiert. Auf hiesige Politiker wurde Druck ausgeübt, nicht nur mit sorgevollen Statements zu reagieren, sondern auch Taten folgen zu lassen. Wie in der Flüchtlingsfrage vor fünf Jahren und während der aktuellen Corona-Pandemie sah sich Angela Merkel moralisch zum Handeln aufgefordert. Gleichsam anderen politischen Oppositionellen aus dem nachsowjetischen Raum wurde Nawalny eine medizinische Behandlung in der Charité angeboten. Neben humanen Motiven dürfte bei der deutschen Führung das Bedürfnis bestanden haben, "Weltpolitik zu spielen", wie es Peter Vonnahme ausdrückte.
Der Transport Nawalnys von Omsk nach Berlin wurde nicht wie zu erwarten durch offizielle russische oder deutsche Stellen arrangiert, sondern von der Stiftung "Cinema for Peace"[71)] übernommen. Deren Gründer ist der Filmproduzent Jaka Bizilj, eine schillernde Persönlichkeit, die in transatlantischen Kreisen gut vernetzt ist. In seinem "Internationalen Komitee" sitzen neben Prominenten aus dem Entertainment einflussreiche Personen aus Wirtschaft und Politik. Während Bizilj das medizinische Spezialflugzeug charterte und das erforderliche Team besorgte, übernahm der russische Oligarch Boris Zimin die Kosten für die Überführung.
Die Türkei – sicherlich ein Paradies für Menschenrechte – wird in diesem Zusammenhang nicht erwähnt. Sie ist ein "wichtiger Nachbar und wird es immer sein", obwohl sie aufgefordert wird, Griechenland und Zypern nicht mit ihren militärischen Manövern und Bohrprojekten zu vergraulen.

---

71 Pressestatement von Bundeskanzlerin Merkel zum Fall Nawalny am 2.9.2020

Weder Saudi-Arabien noch Indien werden erwähnt, wichtige G20-Länder, in denen Meinungsfreiheit, religiöse Mäßigung und immenser Respekt vor oppositionellen Gegnern besonders hoch im Kurs stehen.
Mit dem Auslieferungsersuchen der USA für Assange und der begleitenden Anklageschrift wird versucht, die jahrelangen WikiLeaks-Publikationen über US-amerikanische Kriegsverbrechen im Irak und Afghanistan sowie die Veröffentlichung diplomatischer Depeschen aus dem Jahr 2010 unter Strafe zu stellen. Die in der Anklageschrift dargelegten Behauptungen sind für die direkt und indirekt Genannten sowie für alle Journalisten weltweit mit Blick auf wesentliche Funktionen der Berichterstattung äußerst gefährlich. Der in dieser Anklageschrift dargelegte juristische Standard besteht darin, Menschen innerhalb und außerhalb der Vereinigten Staaten auf Basis der rigiden US-amerikanischen Antispionagegesetze zu verfolgen, ohne dass ihnen ein grundlegender verfassungsmäßiger Schutz zugestanden wird. Äußerungen von Mitgliedern der Trump-Regierung lassen vermuten, dass das Ergebnis des Prozesses gegen Julian Assange von vornherein feststeht. Sie sagen öffentlich, dass diejenigen, die mit WikiLeaks zu tun haben, lebenslange Haft und sogar die Todesstrafe verdienen. Die US-Regierung möchte die Welt wissen lassen, dass dies das Schicksal der in dieser Anklageschrift genannten Menschen ist.
Ein Staat in dem die Jounalisten schwere Kriegsverbrechen aufklären, werden zum Verbrechen erklärt, ist selbst ein Verbrecherstaat.
Westliche Staaten darunter Deutschland sind an einer diplomatischen "Räuberpistole" gegen Russland im Fall von Nawalny beteiligt.
„Putin war's“: Diese Floskel bezieht sich nicht nur vorschnell auf dubiose Giftmorde mit schwacher Indizienlage. Die Behauptung wird auch dort angebracht, wo die Fakten eindeutig dagegen sprechen.
Die aktuelle Nawalny-Episode ist bereits ein erschütterndes Beispiel für eine Praxis, bei der Beweise, Fragen nach dem Motiv und Unschuldsvermutungen für nichtig erklärt werden, wenn es um Vorwürfe gegen Russland geht. Beim Fall Nawalny ist aber immerhin noch ein gewisser Spielraum für solche Spekulationen vorhanden. Die Frage der Verantwortung für die Vertreibung von Millionen von Menschen ist im Gegensatz dazu aber eindeutig geklärt.
Deutsche Oberlehre im Fall von Alexei Nawalny .

„Die Unschuldsvermutung gilt für westliche Demokratie und für die Politiker nicht für Belarus. Es ist egal um welches Land und Personen sich handelt. Russland, Belarus, Irak, China oder Venezuale.“
Seit Jahren versuchen die so g. Linken aus dem Westen, vor allem aber aus der SPD, LINKE und Grünen, im antirussischen Mainstream mitschwimmen zu wollen.
Linke oder solche, die mal Linke waren, für "deutsche Interessen" im Ausland eintreten, bekommen sie von den deutschen Medien eine große Bühne. Warum? Linke gelten im pazifistischen Teil der deutschen Bevölkerung als glaubwürdig, glaubwürdiger zumindest als CDU-Politiker. Man erinnert sich, wie Joseph Fischer 1999 den Einsatz der Bundeswehr in Jugoslawien mit "Auschwitz" rechtfertigte.
Der Oppositionsführer Alexei Nawalny sei vergiftet worden. Spuren für eine Vergiftung konnten die Ärzte im sibirischen Omsk zwar nicht finden. Und auch die Ärzte der Berliner Charité vermuten bisher nur eine Vergiftung und können keine exakten Angaben machen, geschweige denn den Tatablauf erklären. Doch eine Vermutung deutscher Ärzte reicht deutschen Politikern allemal, um scharfe Maßnahmen gegen das "Regime Putin" zu fordern.
Blöd jedoch, dass der mephistophelische Ansatz "Hotel, Nowitschok, Flasche = GRU-Täter" nicht glaubwürdig ist, weil nachher nicht eine einzige Person – außer angeblich Nawalny – Schaden nahm durch das irgendwo in Tomsk angeschmierte, extrem tödlich wirkende Nervengift; weder im Omsker Hotel Xander noch auf dem dortigen Flughafen; auch nicht im Flieger nach Omsk. Weder in der Omsker Notfallklinik, im Rettungsflieger nach Berlin, noch in der Charité.

Und dass die kontaminierte Flasche überhaupt keinen Kollateralschaden anrichtete, so wie es sich für das extrem tödliche Nowitschok ziemt, ist mehr als bemerkenswert. Zumal es sich im Fall Nawalny um eine noch "härtere" Version der bisher bekannten Formen handelte, wie der Präsident des Bundesnachrichtendienstes (BND), Bruno Kahl, in der ersten Septemberwoche in geheimer Runde erklärte. Und der Spiegel mitsamt Bellingcat-"Ermittler" Christo Grozev waren mittendrin:
Nach Spiegel-Informationen soll es sich bei dem gegen Nawalny eingesetzten Giftstoff um eine Weiterentwicklung von bislang bekannten Zusammensetzungen des Nervenkampfstoffes Nowitschok handeln.
Ein Stoff, der alles und jeden sofort umhaut? Oder war gar kein Nowitschok im Spiel und wir sitzen lediglich einer der seit spätestens 2003 bekannten Gaunereien westlicher Geheimdienste auf? Erinnert sei an den Magier-Auftritt des US-Außenministers Colin Powell vor dem UN-Sicherheitsrat, wo er mit weißem Pulver und Utensilien illusionierte, um Amerikas Krieg gegen Saddam Hussein Hand und Fuß geben zu wollen.
Der Nowitschok-Superspreader Nawalny sollte also auf seinem Sitz im Flugzeug sterben. Wieso waren seine Sitznachbarn Kira Jarmysch und Ilja Pachomow sowie all die anderen Fluggäste, Ersthelfer und Mediziner nicht von dem Nowitschok betroffen?
Wie sagte noch MI6-Chef Alex Younger im Dezember 2018: "Eines der ungeheuerlichsten Beispiele ... war der Angriff in Salisbury, bei dem der russische Staat auf britischem Boden eine chemische Waffe von Militärqualität einsetzte... Unsere Verbündeten vertrauten nach dem Angriff von Salisbury auf unsere Geheimdienste. Wir empfanden dies als einen Akt der Solidarität, und es bedeutete uns eine enorme Menge. Unseren Verbündeten war jedoch klar, dass es sich sowohl um einen Akt des Eigeninteresses als auch um einen Akt der Solidarität handelte. Was auch immer ein Gegner uns antun kann, hat er anderen angetan und kann es anderen antun."[72)]
Aber nicht nur die westlichen Geheimdienste schmolzen zu einer Tatwaffe gegen Syrien und Russland zusammen. Auch die Labore in München, Porton Down, Frankreich, Umeå, die zur länderübergreifenden Task-Group der NATO gehören, Nawalnys Proben untersuchten und die Nowitschok-These artig repetierten, sind längst in das Chemiewaffen-Theater in Syrien verquickt, keineswegs neutrale Labore also, die nach unvoreingenommener Analyse ein objektives Ergebnis liefern würden.
Der US-Investigativjournalist Seymour Hersh berichtete über enge Verbindungen zwischen der Türkei und der islamistischen al-Nusra-Front, die gegen Assad kämpft. Die Türkei soll ein Programm der al-Nusra zur Entwicklung von Chemiewaffen unterstützt haben. Das Gas sei dann eingesetzt worden, um den Angriff Damaskus in die Schuhe zu schieben und so einen US-Militärschlag zu provozieren.
Oberst a. D. de Bretton-Gordon, Ex-Kommandeur des britischen Joint Chemical, Biological, Radiological and Nuclear Regiment und des Rapid Reaction CBRN Battalion der NATO, spielte eine herausragende Rolle innerhalb der Aktivitäten der NATO-Länder auf dem syrischen Kampfgebiet und war maßgeblich daran beteiligt, das Narrativ in die Welt zu setzen, wonach Präsident Assad Chemiewaffen gegen das eigene Volk einsetze.
In Großbritannien ist Porton Down dafür zuständig, in Frankreich der Service de Santé des Armées – beide gehören zur NATO-Task Group und "engagierten" sich wohl auch in der Untersuchung der Nawalny-Proben.
Das Institut für Pharmakologie und Toxikologie der Bundeswehr in München, ebenfalls der NATO-Task Group angehörig, wird von Oberstleutnant Professor Dr. Horst Thiermann geleitet. Den Arbeitsgruppen für biomedizinische Spurenanalytik stehen die Chemikerin und Oberregierungsrätin Dr. Marianne Koller sowie der Chemiker und Regierungsdirektor Prof. Dr. Harald John vor. Oberstarzt Thiermann dürfte das Ergebnis der Untersuchung der Nawalny-Proben an die Bundesregierung weitergereicht haben, die dann am 2. September

72 The Sun 2018

erklärte, ein Speziallabor der Bundeswehr habe darin "zweifelsfrei" ein Nervengift der Nowitschok-Gruppe nachgewiesen. Das Institut für Pharmakologie und Toxikologie der Bundeswehr in München dreht sich mit im syrischen Giftgas-Karussell: "Unser Institut gehört ... zu den ersten Einrichtungen, die den Einsatz von Sarin im Jahre 2013 und den Einsatz von Schwefellost 2015 in Syrien bewiesen haben."[73)]

Am 19. August 2020, einen Tag vor der angeblichen Vergiftung von Nawalny, zeigte sich das Vereinigte Königreich gegenüber der OPCW spendabel und leistete "vier freiwillige Beiträge in Höhe von insgesamt 800.000 britischen Pfund, um eine Reihe von Großprojekten und Aktivitäten der Organisation zu unterstützen". Damit avancierte Großbritannien neben Frankreich, Deutschland und Kanada zum Hauptsponsor der OPCW. Wer die Musik bezahlt, bestimmt auch, was gespielt wird!

Der Hochmut, mit dem deutsche Politiker und Medien Russland gegenübertreten, wird auch an den Hasstiraden gegen das "Regime Putin" und angeblich vom Kreml befohlene "Auftragsmorde" sowie der Behauptung deutlich, "Putin hat von allem gewusst".

Leider denkt niemand darüber nach, welche Narben dieser Hochmut in den Seelen der Russinnen und Russen hinterlässt.

Es ist den Russen hoch anzurechnen, dass sie auf primitive Russophobie und Vorurteile nicht mit gleicher Münze antworten. Für mich ist das ein Zeichen von Kultur.

Den vorsichtigen Stil der russischen Politik gegenüber Deutschland deuten deutsche Politiker und Medien offenbar als Schwäche, um sich in der Position des Lehrmeisters zu gefallen.

Nach deutschem Recht erfordert die Unschuldsvermutung, dass der einer Straftat Verdächtigte oder Beschuldigte nicht seine Unschuld, sondern die Strafverfolgungsbehörde seine Schuld beweisen muss.

Warum sollte die russische Regierung gar Interesse daran und ein Motiv haben, „Alexei Nawalny“[74)] aus dem Weg zu räumen ? Denn er als Opposition keine Rolle mehr spielt.

Neben der Forderung nach der Aufrechterhaltung der anti-russischen Sanktionen werden nun auch jene Stimmen lauter, die den Stopp des Erdgasprojekts fordern. Dass seit Jahren nicht nur Russland im Besitz des militärischen Nervenkampfstoffs ist, spielt keinerlei Rolle.

Aus geopolitischer Perspektive ergibt es absolut keinen Sinn für Russland.

Wir erinnern uns: das tödliche Nervengift hatte auch bei den Skripals keine letale Wirkung entfaltet. Andererseits ist die Nowitschok-Formel seit den 1990er Jahren bekannt wie ein bunter Hund; damals kaufte Kahls BND sogar originales Nowitschok einem russischen Informanten ab, stellte die Probe den "Partnerdiensten" in Großbritannien, Frankreich, Kanada, den Niederlanden und den USA zur Verfügung, damit die in ihren Laboren damit herumpantschen können. Israelische Geheimdienste gehen davon aus, dass "mindestens 20" Länder Nowitschock herstellen können oder über Vorräte verfügen.

„Vieles an der aktuellen Räuberpistole erinnert an die mutmaßliche Vergiftung der „Skripals““ [75)] [und 76)] kurz vor der dann doch noch erfolgreich in Russland ausgetragenen Fußballweltmeisterschaft.

---

73 www.polfed.org/wilts/news/2018/salisbury-poisoning-gloves-failed-to-shield-sergeant-from-novichok/

74 Nawalny selbst ist und war für den Kreml keine Gefahr. Selbst die Deutsche Presse-Agentur DPA musste 2018 einräumen, dass die Beliebtheit des Oppositionellen in Russland im unteren einstelligen Prozentbereich liegt. Auch wenn westliche Medien ihn gerne zum „schärfsten Konkurrenten Putins“ hochstilisieren, entspricht dies noch nicht einmal entfernt der Wahrheit. Abgesehen davon vertritt Nawalny eine ultranationalistische Politik, die mit den ach so wichtigen Werten der westlichen Staatengemeinschaft wohl kaum in Einklang zu bringen ist.

75 www.theguardian.com/uk-news/2018/mar/23/nerve-agent-was-used-in-1995-claims-former-soviet-scientist:Wladimir Uglew, einer der Wissenschaftler, die an der Entwicklung beteiligt waren, hatte damals gesagt, dass die Skripals keine Überlebenschancen hätten, wenn sie in Kontakt mit Nowitschok gekommen waren, es sei denn, die Medizin habe seitdem erhebliche Fortschritte gemacht. : Der 66-jährige russische Ex- und Doppelagent Sergei Skripal hat sich offenbar von dem Anschlag vom 4. März erholt und ist gestern aus dem Krankenhaus entlassen worden. Bei seiner Tochter Julia war dies viel schneller erfolgt, sie wurde bereits am 9. April entlassen. Der Polizist Nick Bailey, der die beiden auf der Parkbank gefunden hatte, war auch im Krankenhaus behandelt, aber schnell wieder entlassen worden.

Die britische Regierung, die zu schnell und ohne Beweise von einem Nowitschok-Anschlag, der von Russland ausgegangen sein soll, gesprochen hat, will die beiden „Skripals“[77] weiterhin von der Öffentlichkeit fernhalten. Die Polizei gab bekannt, die Ermittlungen des "Antiterror-Polizeinetzwerks" würden fortgesetzt. Aus Gründen des Schutzes der beiden Skripals wurde weder erklärt, wo sie sich aufhalten, noch welche Schutzmaßnahmen ergriffen wurden.
Bei Sergei Skripal teilte die Polizei schon gar nichts darüber mit, warum er es vorzieht, an einem geheimen Ort versteckt zu werden und jeden Kontakt mit der Öffentlichkeit zu vermeiden. Julia soll in einem von ihr angeblich verfassten Text, den die Polizei veröffentlichte, erklärt haben, sie wünsche keine Besuche, auch nicht von Verwandten oder von der russischen Botschaft. Das kann man glauben oder nicht. Seltsam daran ist, dass die Polizei sicher lange und ausgiebig die beiden Skripals verhört hat, ohne dass die Untersuchung dadurch Fortschritte gemacht zu haben scheint. Es wurden nicht einmal neue vorläufige Ergebnisse bekannt. Wenn die Skripals mit einem militärischen Kampfstoff in Kontakt gekommen wären, wären sie innerhalb von Sekunden oder Minuten gestorben.

Stellen Sie sich vor: Acht Jahre nach seiner Ankunft im Vereinigten Königreich – Anfang 2018, also zu einem Zeitpunkt, als die russischen Präsidentschaftswahlen am 18. März vor der Tür standen und nur wenige Wochen vor der Ausrichtung der FIFA Fußball-Weltmeisterschaft in Russland – beschloss Wladimir Putin plötzlich, Skripal aus noch ungeklärten Gründen ermorden zu lassen. Der russische militärische Geheimdienst schickte zwei seiner Eliteoffiziere, die unter falschem Namen unter Verwendung russischer Pässe, die sie angeblich bereits bei früheren Reisen benutzt hatten, direkt von Moskau aus in den Westen flogen. Diese angeblichen Attentäter trugen zwei Parfümfläschchen mit "Nowitschok" bei sich, angeblich eine Art jener tödlichsten Nervengifte, die je entwickelt wurden. Die Menge hätte ausgereicht, um etwa 800.000 Menschen zu töten.
Bei ihrer Ankunft im Vereinigten Königreich buchen diese hochqualifizierten Geheimagenten ein Hotel mit einer Überwachungskamera an der Eingangstür. Und am nächsten Tag, dem 3. März, reisen sie mit dem Zug nach Salisbury – angeblich um die Gegend zu erkunden – und kehren dann nach London zurück. Angeblich wurden sie auf den Bahnhöfen und in den Straßen von Salisbury lückenlos die ganze Zeit von Überwachungskameras beobachtet.
Am Tag darauf, am 4. März, reisen die Killer erneut nach Salisbury. Diesmal gehen die Hauptattentäter zu Skripals Haus und "schmieren" irgendwie das flüssige Nowitschok auf die Klinke seiner Haustür. Kein Augenzeuge, kein Foto und kein Stück Videomaterial wurden jemals öffentlich zugänglich gemacht, um einen dieser beiden Männer irgendwo im Bereich von Sergei Skripals Haus zu zeigen. Der Verbleib der geöffneten Giftflasche wurde nie festgestellt. Nachdem die Killer das Gift auf die Haustürklinke aufgetragen haben, unternehmen die beiden hochqualifizierten Attentäter zwei Dinge, bevor sie nach London zurückkehren. Sie werfen ihre zweite, ungeöffnete Flasche Nowitschok (vermutlich genug, um etwa 400.000 Menschen zu töten) in einen Behälter für wohltätige Spenden. Dann stoppen sie noch bei einem Antiquitätengeschäft und stöbern dort in den Auslagen.

---

76 Das Problem ist, dass bis heute weder die britische noch irgendeine andere Öffentlichkeit "aus erster Hand" wirklich weiß, was in Salisbury geschehen ist – denn die Journalisten, die über den Fall berichten, hatten nie Zugang zu Sergei und Julia Skripal. Darüber hinaus hat sich die britische Regierung nie die Mühe gemacht, zu erklären, warum sie die auf wundersame Weise überlebenden "Opfer" eines, wie sie es nannten, "russischen Chemiewaffenangriffs" nicht mit Reportern sprechen ließen.

77 Sergei Skripal war in seinem früheren Leben Oberst des russischen Militärgeheimdienstes. Von den Briten angeworben, hatte er etliche Jahre russische Staatsgeheimnisse an den britischen Geheimdienst MI6 verraten, bis er im Jahr 2004 aufflog, verhaftet und zu 13 Jahren Gefängnis verurteilt wurde. Davon saß er jedoch nur den kleineren Teil ab. Denn 2010 kam er im Rahmen eines Agentenaustausches frei und konnte nach Großbritannien auswandern. Seine ehemaligen MI6-Auftraggeber versorgten ihn mit einer anständigen Rente. Allen Berichten zufolge führte er im Ruhestand ein ruhiges und bequemes Leben in seinem netten Häuschen im malerischen Salisbury.

Die beiden Attentäter verlassen am Nachmittag das Land, fliegen direkt nach Moskau, ohne zu wissen, ob ihre angebliche Zielperson tot ist, und unternehmen wiederum keine Anstrengungen, ihre Herkunft zu verbergen. Obwohl beide mit dem Gift hantierten und irgendwie genug davon mit sich führten, um ihr Hotelzimmer zu kontaminieren, werden weder die Männer noch das Personal, die Zugreisenden oder die Passanten, die mit ihnen in Kontakt kamen, jemals krank, obwohl nur 0,2 mg (das Fünftausendfache ergibt ein Gramm) Nowitschok bereits eine angeblich tödliche Dosis ist. Später, am Nachmittag des 4. März, werden Sergei und Julia Skripal "fast bewusstlos" auf einer Parkbank im Stadtzentrum von Salisbury gefunden. Es wird behauptet, dies sei auf den Kontakt mit dem Nowitschok zurückzuführen, das auf Sergeis Türklinke geschmiert war, obwohl Berichte ursprünglich besagten, dass weder er noch seine Tochter zwischenzeitlich in das Haus zurückgekehrt seien, und der chronologische Ablauf es auch unwahrscheinlich machte, dass sie es taten. Später stellte sich heraus, dass die Persion,"[78] von der die Skripals gefunden wurden, ausgerechnet die Oberkommandierende des Pflegepersonals der britischen Armee, Frau Oberst Alison McCourt war. (Wahrscheinlich war sie in der Gegend im Rahmen der bahnbrechenden Chemiewaffen-Übung des britischen Militärs " Toxic Dagger" ("Vergifteter Dolch")"[79], die unweit von Salisbury am 20. Februar begonnen hatte und bis zum 12. März 2018 dauerte.
Die herbeigeeilte Krankenschwester und ihre Tochter leisten den Skripals "Nothilfe". Weder sie noch irgendjemand anders vor Ort noch einer der anderen Ersthelfer hat im Anschluss irgendwelche Symptome einer Vergiftung durch Nervengift gezeigt. Auch keiner der anderen Menschen, mit denen die Skripals an diesem Tag in Kontakt gekommen waren. - Innerhalb eines Monats veröffentlichte das britische Chemiewaffenforschungszentrum eine Erklärung, in der behauptet wird, das Gift sei "ein Nowitschok-ähnlicher Wirkstoff", aber sie könnten seine Herkunft hinsichtlich des Ursprungslandes nicht genau bestimmen. Seit der Episode, bei der Sergei angeblich auf der Parkbank gefunden wurde, ist er in der Öffentlichkeit überhaupt nicht mehr aufgetaucht. Julia gab eine kurze Presseerklärung im Internet ab. Der Aufenthaltsort der beiden ist derzeit vollkommen unbekannt. Ihrer Familie in Russland wird von britischer Seite jeglicher Kontakt verwehrt, angeblich aus Angst vor neuen Anschlägen der Russen.
Wohl gemerkt, bislang (21.102020) sind weder die Täter noch die Hintermänner des angeblichen Anschlags im englischen Salisbury bekannt.
Dies ist die offizielle Version der britischen Regierung. Nichts von den hier präsentierten Umständen und Details wird von offizieller Seite bestritten, nichts ist übertrieben oder spekulativ. So sieht die offizielle, britische Skripal-Verschwörungstheorie aus!

Tatsächlich ist aber dabei alles offen und gar nichts gelöst. Es ist jetzt zweieinhalb Jahre her, dass Sergei Skripal und seine Tochter Julia in der bei Touristen beliebten englischen Stadt Salisbury auf einer Parkbank fast bewusstlos aufgefunden wurden und es den beiden anscheinend sehr schlecht ging. Seither gibt es eine Unzahl von unbeantworteten Fragen. So ist der Fall Skripal zu einem großen Konvolut von Fakten, Halbwahrheiten und Lügen verschmolzen.

Dass Nowitschik tödlich wirkt, könnte ein Giftanschlag auf den russischen Geschäftsmann Ivan K. Kivelidi 1995 belegen, der innerhalb weniger Tage ebenso wie sein Sekretär durch das Nervengift starb.
Die Ähnlichkeit des Falles Nawalny mit früheren und nach wie vor unbewiesenen Vergiftungsanschuldigungen scheint westliche Politiker und Medien nicht zu stören.

---

78 www.polfed.org/wilts/news/2018/salisbury-poisoning-gloves-failed-to-shield-sergeant-from-novichok/

79 www.gov.uk/government/news/exercise-toxic-dagger-the-sharp-end-of-chemical-warfare

Vater und Tochter Skripal wurden demnach mit dem Nervenkampfstoff Nowitschok vergiftet. Ohne konkrete Beweise vorzulegen, stand für die transatlantische Gemeinschaft der Schuldige fest: Moskau, oder eher gesagt Putin persönlich. Bis heute bleibt der Fall dubios, und die Skripals scheinen wie vom Erdboden verschluckt, so FDP-Fraktionsvize Kubicki."Der "Fall" des angeblichen russischen "Oppositionsführers" Alexei Nawalny"[80], der niemals mehr als 4 Prozent der russischen Wählerstimmen auf sich vereinigen konnte, erschüttert die westliche Staatengemeinschaft. Der russische Rechtspopulist und Blogger Nawalny "wurde vergiftet", und zwar im Auftrag Putins, so westliche Politiker. Der Fall von Alexei Nawalny war und ist noch der einzige Fall.

Vor zwei Jahren wurde Wersilow mit Symptomen einer Vergiftung ebenfalls von Bizilj in die Berliner Charité gebracht. Nach den Untersuchungen hieß es, es gebe eine hohe Plausibilität für eine Vergiftung. Welches Gift es war, bekamen die Klinik-Wissenschaftler nicht jedoch nicht heraus.
Welches Motiv die russische Regierung von den Folgen eines derart vorhersehbaren PR-Desasters haben sollte – zudem angesichts der ohnehin äußerst angespannten regionalen und geopolitischen Lage – spielt bei der Beurteilung dessen, was wirklich geschehen sein könnte, keinerlei Rolle.
Sofort überfallen westliche Staaten mit derartiger Reaktion, dass sie nach eigenem Selbstverständnis weltweit die "Freiheit" und die "Menschenrechte" (...) verteidigen.
Das internationale Recht besagt: „Da es auf russischem Gebiet passiert ist, ist es die Verantwortung der russischen Führung, den Vorfall aufzuklären und die Verantwortlichen zur Rechenschaft zu ziehen."
Wenn Putin oder andere mächtige russische Akteure wollten, dass Nawalny tot ist, und ihn in Sibirien attackiert hätten, er heute am Leben und in Deutschland wäre. Wenn Putin ihn hätte tot sehen wollen, dann wäre er tot." Wie eine Kugel in den Kopf oder ein wirklich tödliches Gift."
wem nützt ein Anschlag auf den Blogger Nawalny und wem schadet er politisch?
Wem nutzt die Vergiftung Nawalnys „? Etwa Putin? War Nawalny so gefährlich, nach 76% für Putin 2018? Wer hat Interesse, die Beziehungen, besonders die wirtschaftlichen, zwischen zu stören, was Röttgen schon fordert? Notwendig sind jetzt Ermittlung & Aufklärung.

— Klaus Ernst (@ernst_klaus) September 3, 2020

Mit einigen ausnahmen geben fast alle prominenten Bundespolitiker sich blind der erneuten Nowitschok-Erzählung samt geforderter Konsequenzen hin.
Der ehemalige britische Botschafter in Usbekistan und Assange-Vertraute Craig Murray hat die Causa Nawalny auf seinem Blog kommentiert. Daher ergebe es durchaus Sinn, diese Waffe auf fremdem Territorium einzusetzen, denn man trage das eigentliche Nervengift nicht

---

80 Alexei Nawalny wurde von Jaka Bizili nach Deutschland transportiert. Weiter sagte Jaka Bizilj am Sonntag gegenüber der dpa, man habe in „Cinema for Peace" keine Verbindung zur russischen Politik. Er habe Nawalny spontan nach Berlin geholt, ohne ihn persönlich zu kennen, und zwar auf Bitte des Aktivisten der russischen Punkband Pussy-Riot, Pjotr Wersilow. Vor zwei Jahren wurde Wersilow mit Symptomen einer Vergiftung ebenfalls von Bizilj in die Berliner Charité gebracht. Nach den Untersuchungen hieß es, es gebe eine hohe Plausibilität für eine Vergiftung. Welches Gift es war, bekamen die Klinik-Wissenschaftler nicht jedoch nicht heraus. Wofür ist Jaka Bizilj - der Mann, der in der Lage ist, einen solchen Transport zu organisieren - ansonsten bekannt? Der aus Slowenien stämmige Film- und Musicalproduzent gründete seine Initiative 2002 als Reaktion auf die Terroranschläge vom 11. September. Das Ziel sei es, sich im humanitären, gesellschaftlichen und politischen Bereich zu engagieren, Filmemachern eine Plattform zu bieten. Am auffälligsten unter den Projekten der Organisation ist eine seit 2002 zeitgleich zur Berlinale stattfindende Gala, auf der Filme und Künstler ausgezeichnet werden, die sich für den Frieden einsetzen. Die Kinostars Michael Douglas und Charlize Theron sowie Ex-Bundeskanzler Gerhard Schröder waren da 2019 zu Gast. Dazu gibt die Stiftung auf Ihrer Webseite Jahresbericht keine Informationen zu den Spendern und Ausgaben an. Bizilj betonte darauf mehrfach, externe Prüfer würden die rechtmäßige Verwendung der Spendengelder überwachen. Die 1950 bis 1969 in Paris ansässige antikommunistische Kulturorganisation begann seine Tätigkeit mit der Cultural and Scientific Conference for World Peace (Kulturelle und wissenschaftliche Konferenz für den Weltfrieden) und förderte linksliberale Intellektuelle iin Europa. Später stellte sich heraus, dass sie vom US-amerikanischen Geheimdienst CIA beeinflusst und finanziert wurde.

mit sich herum. Innerhalb Russlands, wo den Geheimdiensten eine große Bandbreite an Waffen zur Verfügung stehe, sei es jedoch eine absurde Vorstellung, Nowitschok im heimischen Waschbecken herzustellen. „Des Weiteren will man uns glauben machen, dass der russische Staat, nachdem er Nawalny vergiftet hatte, nicht dazu in der Lage gewesen sein soll, seinen Tod auf der Intensivstation eines staatlichen russischen Krankenhauses herbeizuführen. Wir sollen glauben, dass der böse russische Staat sämtliche toxikologischen Tests fälschen und die Ärzte davon abhalten konnte, die Wahrheit über seine Vergiftung zu sagen, aber der böse russische Staat soll es nicht fertiggebracht haben, das Beatmungsgerät für ein paar Minuten abzuschalten oder etwas in den Tropf zu geben. In einem staatlichen russischen Krankenhaus." Ferner solle die Öffentlichkeit glauben, dass Putin nach der Vergiftung Nawalnys mit Nowitschok erlaubt habe, dass dieser nach Deutschland ausgeflogen und gerettet werde, und somit sichergestellt habe, dass Nowitschok entdeckt werde. Und dass Putin das gemacht habe, weil er Angst gehabt hätte, dass Merkel sauer werde.
Der ehemalige britische Botschafter resümiert.
„Hier ist eine ganze Reihe völlig unglaubwürdiger Punkte, von denen jeder einzelne dem westlichen Narrativ entspricht. Persönlich glaube ich keinen einzigen davon, aber dann bin ich wieder der notorische russophile Verräter."
Abschließend kommt Murray auf die realistischer erscheinenden Hintergründe der Tat und mögliche Profiteure zu sprechen. Die Vereinigten Staaten seien sehr daran interessiert, Deutschland davon abzuhalten, die Nord-Stream-2-Pipeline fertigzustellen, die Deutschland mit großen Mengen russischen Gases versorgen soll, das etwa 40% seiner Elektrizität generieren würde. Persönlich sei er gegen Nord Stream 2, sowohl aus ökologischen, als auch aus strategischen Gründen, so Murray. Er würde es viel lieber sehen, wenn Deutschland seine herausragende industrielle Qualität in erneuerbare Energien und Selbstversorgung stecken würde.
„Aber meine Gründe unterscheiden sich sehr von denen der USA, denen es um die Position der US-Hersteller von Flüssiggas und die der Alliierten am Golf auf dem europäischen Markt geht." Schlüsselentscheidungen über die Fertigstellung von Nord Stream 2 würden jetzt in Deutschland gefällt. Die USA und Saudi-Arabien hätten daher allen Grund, gerade jetzt einen Keil zwischen Deutschland und Russland zu treiben.
Craig Murray kommt zu dem Schluss:
„Nawalny ist mit Sicherheit ein Opfer der internationalen Politik. Aber ich bezweifle, dass er ein Opfer Putins ist."

Kubicki zufolge sei es möglich, dass die Tat verübt wurde, ohne dass der Kreml involviert war. Er machte deutlich, dass er "nicht glauben will, dass (Präsident) Wladimir Putin oder überhaupt die Regierung hinter diesem Anschlag steckt", wurde der FDP-Politiker bei der dpa zitiert.
Der russische Oppositionspolitiker Alexei Nawalny sei laut einer Erklärung der Bundesregierung, die auf einen Labortest der Bundeswehr verweist, mit einem Nervengiftstoff der Nowitschok-Gruppe vergiftet worden. Die Bundesregierung verurteilte diesen "Angriff" auf das Schärfste und forderte die russische Regierung dringlich auf, "sich zu dem Vorgang zu erklären"[81)]
Würde Russland politisch auch nur die kleinste Angriffsfläche bieten, würden führende westliche Politiker dies umgehend zum Anlass nehmen, das für Moskau wichtige „Gas-Projekt Nord Stream 2"[82)] umgehend zum Abschuss freizugeben. Genau das passiert gerade. Wem würde es eigentlich nutzen, wenn Nord Stream 2 gestoppt wird?

---

81 Der Spiegel vom 4.9.2020

82 In seiner Rede an die Teilnehmer der Konferenz (29.4.2021), die dieses Jahr in Sachsen abgehalten wird, betonte Bundeswirtschaftsminister Peter Altmaier (CDU) weiter, dass Deutschland das fossile Erdgas aus Russland seit 40 Jahren sehr zuverlässig beziehe, „niemals mit politischen Problemen behaftet, Erdgas aus der Sowjetunion und aus Russland".In

In erster Linie gäbe es aus wirtschaftlicher Sicht fast nur Verlierer. Außer natürlich die USA, denen das Projekt schon lange ein Dorn im Auge ist, denn die Etablierung von US-Fracking-Gas auf dem europäischen Markt ist dem Weißen Haus selbstredend lieber, als die Gazprom-Flatrate aus dem Osten. In Saudi-Arabien ist die enorme Abneigung gegen die russische Pipeline ebenfalls Staatspolitik. Doch wer auch nur den leisesten Verdacht äußert, irgendein anderes Land als Russland könnte hinter dem Gift-Anschlag auf Nawalny stecken, bekommt umgehend den Stempel des Verschwörungstheoretikers aufgedrückt.
Kaum hat die Bundesregierung Russland zur Aufklärung im Fall Nawalny aufgefordert, werden die deutschen Stimmen nach einem „sofortigen Baustopp“ der „Nord Stream 2“[83)] wohl lauter denn je.
Seit Monaten widersetzt sich die deutsche Regierung den US-amerikanischen Versuchen, die Umsetzung der Nord-Stream 2 zur Lieferung von russischem Pipeline-Erdgas nach Deutschland aufzuhalten. Und nun plädieren einige Stimmen dafür, das Großprojekt wegen der beiden neuen Zauberworte abzubrechen: "Nawalny" und "Nowitschok".
Genauso kamen auch die Medienberichte über den kritischen Zustand von Anna Politkowskaja (sie wurde zwei Jahre nach dem Versuch, sie zu vergiften, erschossen) nur wenige Stunden vor einem Treffen zwischen Putin und Kanzlerin Merkel auf. Wem nützen solche Zufälle? Doch sicherlich nicht Putin.
„Deutschland dürfe dieses korrupte Regime nicht weiter unterstützen, pochte etwa die Grünen-Chefin Annalena Baerbock am 4.9.2020 im „Spiegel“ in Bezug auf den Fall Nawalny. Worte allein würden nicht genügen, eine klare Antwort der Bundesregierung wäre, „das Projekt Nord Stream 2 „unverzüglich zu stoppen.“

„Ich halte nichts davon, die notwendige Reaktion auf das Vorgehen gegen den Oppositionellen Nawalny mit dem Bau von Nord Stream 2 zu verknüpfen. Wer glaubt, dass die neue Pipeline nur im Interesse Russlands wäre, der irrt“, so Österreichs Bundeskanzler Sebastian Kurz. Und „Und man muss aufpassen, dass man sich aufseiten der EU nicht selbst schwächt, wenn man jetzt gegen Nord Stream 2 vorgeht.“ Damit widersetzt sich der gegen die Grünen.

Norbert Röttgen (CDU), abgeraten. „Härte gegen Russland“ inklusive des Ausstiegs aus dem Projekt forderte am Freitag auch der als EU-Kommissionspräsident gescheiterte Europapolitiker Manfred Weber.[84)]
Auch der außenpolitischen Sprecher der Linksfraktion, Gregor Gysi, schlägt vor, Russland erst eine Chance zur Aufklärung zu geben. Im Falle des ermordeten saudischen Journalisten und Regimekritikers Jamal Khashoggi habe man den saudischen Kronprinzen Mohammed Bin Salman „auch nie zur Verantwortung gezogen“, bemängelte Gysi dabei. Die Vermutung, der russische Präsident Wladimir Putin könnte hinter dem Anschlag stecken, hält der Politiker für völlig abwegig.
„Was soll er denn für ein Interesse daran haben?“, fragt Gysi zurück. Putin wisse doch, dass das die Beziehungen zum Westen verschlechtere. Der russische Staatschef müsste besonders dämlich sein, wenn er das angeordnet hätte, so Gysi.“[85)]

---

seiner Rede zur Eröffnung der Konferenz hat der sächsische Ministerpräsident Michael Kretschmer (CDU) ebenfalls erklärt, Deutschland sei darauf angewiesen, auch in Zukunft verlässlich Gaslieferungen aus Russland zu bekommen. 40 Prozent des EU-Gasbedarfes werden von Russland gedeckt. Deshalb möchte man auch einen raschen Abschluss der Arbeiten an der **Nord Stream 2**, so **Kretschmer**.

83 Es gibt Beobachter, die die Bedeutung von Nord Stream 2 für Russland geringer einschätzen, als es hier in der deutschen oder europäischen Debatte vielleicht manchmal den Anschein erweckt, denn Erdgas aus Russland gelangt ja auch noch auf anderen Wegen (Ukraine, Türkei und Pollen) nach Europa. Das Nord Stream 2 wird überschätzt.

84 Europäisches Parlament vom 2020

85 https://t.co/CQYRKgnR8b

Der österreichische Russland-Experte Gerhard Mangott fragt seinerseits: Was wäre die Rechtsgrundlage für solch einen Stopp? „Das Gasleitungsprojekt **Nord Stream 2** wurde ja nicht begonnen, um Putin zu belohnen. Es soll jetzt auch nicht abgebrochen werden, um Putin zu bestrafen. Es gelten der wirtschaftliche und finanzielle Sinn dieses Projekts für Deutschland", so Mangott weiter auf Twitter.[86)]
Der Vorsitzende des Auswärtigen Ausschusses im deutschen Bundestag, Norbert Röttgen (CDU), äußerte in einem Tweet, dass hinter dem Anschlag auf Nawalny nur Putin persönlich stehen kann: Wenn es jetzt in dieser Situation der Vergiftung und von Belarus zu einer Vollendung von Nord Stream 2 käme, dann wäre das die maximale Bestätigung für Wladimir Putin, dass er genau die richtige Politik macht, weil der Westen nichts macht", weiß Röttgen zu berichten.:
Diesen Giftstoff kennen wir schon vom Fall #Skripal, nachweislich begangen vom Geheimdienst. Wer jetzt noch an #Putins Unschuld glaubt, der will es einfach nicht wahrhaben.
#Nawalny wurde mit einem Nervengift aus der #Nowitschok-Gruppe vergiftet. Diesen Giftstoff kennen wir schon vom Fall #Skripal, nachweislich begangen vom ?
Geheimdienst. Wer jetzt noch an #Putins Unschuld glaubt, der will es einfach nicht wahrhaben.
— Norbert Röttgen (@n_roettgen) September 2, 2020
Es sei ein „qualvolles, langsames, öffentliches Sterben", so CDU-Politiker @n_roettgen, Vorsitzender des Auswärtigen Ausschusses, zum Fall # Nawalny. Man müsse das Projekt Nord-Stream 2 auf Eis legen, als „gemeinsame, europäische Antwort". pic.twitter.com/Yqtpe9NeBl
— ZDF heute journal (@heutejournal) September 2, 2020
Als "europäische Antwort" müsse Nord Stream 2 daher gestoppt werden. Beim "qualvollen, langsamen, öffentlichen Sterben" Nawalnys, so Röttgen, handele es sich nicht etwa um einen wenig plausiblen PR-Supergau für Moskau, sondern um eine bewusste "Einschüchterung der eigenen Bevölkerung".
„Der offenkundige Mordversuch durch die mafiösen Strukturen des Kreml kann uns heute nicht mehr nur besorgt machen, sondern er muss echte Konsequenzen haben", forderte Fraktionschefin Katrin Göring-Eckardt von der Kriegspartei (1999 Kosova-Krieg läßt grüßen.) nun."
Auch der EU-Politiker der CDU Manfred Weber meldete sich zu Wort. Mit seinem Tweet auf Englisch zielte er allerdings nicht nur auf die russischen Behörden und Wladimir Putin, sondern auch auf "seine Freunde in Europa":
#navalny was poisoned in #Russia, under the eye of the Russian authorities, with a Russian poison #nowitschok. President Putin and his friends in Europe should face the facts & account for the persecution of opposition leaders in his country 1/2 https://t.co/6lOZXxqFpk
— Manfred Weber (@ManfredWeber) September 2, 2020

Die Verteidigungsministerin und CDU-Vorsitzende Annegret Kramp-Karrenbauer hat sich zum Fall Nawalny geäußert – und dabei sehr schrille Töne angeschlagen. Die russische Regierung – die Verteidigungsministerin spricht vom "Regime Putin" – sei aggressiv und setze "ohne Skrupel" chemische Kampfstoffe ein.
Die Ministerin sagte: „Ich erwarte von der EU, dass es eine klare gemeinsame Haltung gibt, Russland dazu zu bringen, die Tat vollständig aufzuklären und die Täter zur Verantwortung zu ziehen."[87)]
Von der NATO erwarte sie, dass man die Debatte, die über Aufrüstung und angebliche russische Vertragsverletzungen ohnehin geführt werde, "mit aller Konsequenz" vorantreibe.

---

86 Twitter

87 Im ARD-Sommerinterview im Juli 2020 und www.globallookpress.com

Kramp-Karrenbauer erläuterte dazu weiter:
Der Fall Nawalny passt zu dem Verhalten, das wir von Putin und seinem Regime kennen. Wir erhalten immer wieder Nachrichten, dass Russland gezielt den Luftraum der baltischen Staaten verletzt. Schweden berichtet über russische U-Boote nahe schwedischer Inseln. Wir kennen das gewaltsame Vorgehen Russlands in der Ukraine.
Ohne Beweise für ihre Behauptungen hat sie vorgelegt.“[88]
Auch persönlich äußerte sich der US-Außenminister Mike Pompeo:
Sollten sich diese Berichte als zutreffend erweisen, unterstützen wir die Forderung der EU nach einer umfassenden Untersuchung. Die USA sind zur Unterstützung bereit", erklärte Pompeo nun über den Kurznachrichtendienst Twitter.
Deeply concerned by reports that Russian opposition activist Aleksy Navalny was poisoned. If these reports are proven accurate, we support the EU's call for a comprehensive investigation. The U.S. stands ready to assist.
— Secretary Pompeo (@SecPompeo) August 25, 2020
Im Windschatten Pompeos legte dann am Mittwoch der britische Premierminister Boris Johnson nach, um – gleich im Namen der gesamten Welt – seine Bestürzung über die "Causa Nawalny" ausdrücken. Jetzt gehe es darum, "die Täter zur Rechenschaft zu ziehen".
Die Vergiftung von Alexei Nawalny schockierte die Welt. Das Vereinigte Königreich steht in Solidarität mit ihm und seiner Familie. Wir brauchen eine vollständige, transparente Untersuchung der Geschehnisse. Die Täter müssen zur Rechenschaft gezogen werden, und Großbritannien wird sich den internationalen Bemühungen anschließen, um sicherzustellen, dass der Gerechtigkeit Genüge getan wird", gelobte Johnson.
The poisoning of Alexey @Navalny shocked the world. The UK stands in solidarity with him & his family. We need a full, transparent investigation into what happened. The perpetrators must be held accountable & the UK will join international efforts to ensure justice is done.
— Boris Johnson (@BorisJohnson) August 26, 2020

"Er sei kein offizieller und politischer Gast der Bundesregierung, versicherte Regierungssprecher Seibert heute, sondern werde aus rein humanitären Gründen so behandelt."
Wie wäre es denn, wenn "die NGO "Cinema for Peace" ein Spezialflugzeug nach Berlin für Assange finanzieren würde. Der könnte dann "in Deutschland gleich unter den Schutz des BKA gestellt" werden. "Er sei kein offizieller und politischer Gast der Bundesregierung," könnte man versichern ", sondern werde aus rein humanitären Gründen so behandelt."
So etwas scheint ja relativ schnell realisierbar zu sein. Man hat den Eindruck, dass die schon in Omsk waren, bevor Nawalny dort landete. Das sollte man doch bei Anderen auch schaffen, oder?
Wie doof müssen die Russen eigentlich sein, wenn es ihnen nicht mal gelingt, Leute in ihrem eigenen Land umzubringen? Und wieso lassen sie dann den "Halbtoten" auch noch zur Untersuchung raus?
Nach Angaben der Charité-Ärzte wird dem Patienten Atropin verabreichert. Dieses Präparat bekam Nawalny dem russischen Arzt zufolge auch in Omsk bereits in den ersten Minuten der Behandlung.
Allein die Feststellung, dass Herr Nawalny mit einem Nervenkampfstoff vergiftet worden ist, sagt nichts darüber aus, wann, wo, wie, warum, durch wen es zu dieser Vergiftung kam. Zu den Omsker Proben heißt es von den russischen Ärzten:
Alexei Nawalny wurde auf ein breites Spektrum an Drogen, synthetischen Substanzen, Psychodysleptika und pharmazeutischen Substanzen untersucht, einschließlich Cholinesterase-Hemmern – das Ergebnis war negativ.

---

88 Erklärung der Bundesregierung vom 10.11.2020

Zudem wurde demnach der chemische Stoff 2-Ethylhexyldiphenylphosphat an Kleidung und Haut von Herrn Navalny gefunden; der vom Kontakt mit einem Plastikbecher stammen könne. Die Hauptdiagnose der russischen Mediziner ist eine akute Stoffwechselstörung.
Als Nawalny ins Omsker Krankenhaus gebracht worden sei, habe beim Patienten nicht das klinische Bild bestanden, das für eine Vergiftung mit einem Cholinesterase-Hemmer charakteristisch sei, hieß es von der Omsker Gesundheitsbehörde.
Natürlich muss sich die Bundesregierung auch zur Beweismittelkette (Chain of Custody) in Sachen dieser ominösen Wasserflasche, angeblich Eigentum von Herrn Nawalny, erklären, die wie aus dem Nichts in Berlin auftauchte. Der Fluss dieses extrem gefährlichen Spurenträgers, sollte an ihm Nowitschok gehaftet haben, aus dem Fernen Sibirien bis ins Labor der Bundeswehr muss lückenlos dargestellt werden. Ebenso, wer die Flasche wo, wann, wie, warum, womit gesichert hat, durch welche Hände sie ging. Beweismittelfälschung, also einer Flasche in einem Hochsicherheitslabor winzige Spuren von Nervengift beizubringen, ist kein Ding der Unmöglichkeit.
Noch steht Aussage gegen Aussage. Wir haben also im Vorkommnis Nawalny weder einen Tatort, noch die Tatzeit, noch konkrete Angaben zur angeblichen Tatwaffe und zum Täter. Die Deutschen behaupten zwar Nowitschok, verheimlichen indes, welche konkreten Substanz(en) an und im Körper von Herrn Nawalny sowie an der Trinkflasche gefunden wurden.
Daher bieten sich aus kriminalistischer Sicht viele Möglichkeiten, wann, wo, wie Herr Nawalny vergiftet worden sein könnte: auf dem Flughafen in Tomsk, im Flieger nach Omsk, in der dortigen Notfallklinik, im Flieger während des Transportes nach Berlin, in der Charité? Was ist im Intensivtransportwagen der Bundeswehr – wieso Bundeswehr und kein Rettungswagen? – geschehen, der Herrn Nawalny unter starkem Polizeischutz vom Flughafen in die Charité brachte?
Es steht vor allem die Klärung aus, ob ein medizinischer Notfall im Fernen Sibirien im Nachhinein auf europäischem Boden zum Kapitalverbrechen "umdiagnostiziert" wurde.
Der Politiker sei für ein breites Spektrum synthetischer Stoffe getestet worden, darunter auch der Inhibitoren. Das Ergebnis sei negativ gewesen.
Toxikologie der Bundeswehr in München Proben des russischen Oppositionspolitikers Nawalny analysiert und "zweifelsfrei" festgestellt, dass es sich um einen chemischen Kampfstoff aus der Nowitschok-Gruppe handelt. Die Charité hatte zwar von einer Vergiftung gesprochen, aber das Gift nicht finden können, das Bundeswehrlabor teilt nun aber auch nicht mit, welche Substanz identifiziert wurde. Die Bundeswehr bzw. das Institut gaben bislang keine genaueren Angaben. Wo ist dieser Befund aus dem Bundeswehr-Labor?
Der russische Botschafter wird ins Außenamt einbestellt. Ein drastischer Schritt. Ihm wird die Regierungserklärung vorgelesen. Als ob er diese nicht ohnehin schon kannte. Er bekommt keine Unterlagen, keine Befunde, nichts Faktisches, nichts Handfestes zu sehen, geschweige denn übergeben.
Wie ist es zu erklären, dass durch den Einsatz eines Kampfstoffes, von dem ein Gramm 250 Menschenleben auslöschen kann, im menschengedrängten Flughafen niemand sonst zu Schaden kommt? Weder im Café, wo Nawalny seinen Tee trank, noch in der Warteschlange zum Boarding, noch im Bus, wo er unbekümmert Selfies mit anderen Passagieren machte, noch im vollbesetzten Flugzeug? Weder seine Begleiter, noch seine Frau, noch der Rettungsdienst, der ihn in die Omsker Klinik brachte, noch die Ärzte, die zwei Tage lang um sein Leben kämpften – niemand. Das Supergift hat dort keine Spur hinterlassen.
Wieso macht Putin den Rückzieher und lässt Nawalny retten? Warum eilten die Ärzte aus besten Moskauer Kliniken nach Omsk, wenn wie der deutsche Mainstream es glauben machen will – in Russland ohne Putins Befehl kein Hahn krähen darf?
Warum vergiftet Putin Nawalny mit einer unverkennbaren Substanz – und lässt ihn dann nach Deutschland ausfliegen? Und wie kann es sein, dass niemand außer einem Bundeswehr-Labor diese Substanz detektiert?

Warum bleiben die Angebote der Ärzte aus Omsk an die Charité-Kollegen, die russischen und die deutschen Proben miteinander abzugleichen, unbeantwortet?
Warum lässt das deutsche Justizministerium die Anfrage der russischen Generalstaatsanwaltschaft unbeantwortet?
Die russische Behörde untersucht den Vorfall im Rahmen einer sogenannten "vorläufigen Überprüfung", also einer Vorstufe zu einer kriminalistischen Ermittlung. Diese kann in Russland aus formalen Gründen nicht eingeleitet werden, weil es bislang an Anhaltspunkten für den Verdacht einer "Vergiftung äußeren Ursprungs" fehlt. Wenn die Deutschen diese Anhaltspunkte haben, warum teilen sie dies nicht mit den Russen?
Warum werden sie im öffentlichen Diskurs regelrecht tabuisiert und warum wird im Gegenteil jeder Zweifel an den offiziellen Verlautbarungen als Verdrehung, Vertuschung und Ablenkung denunziert?
In der eingedampften Substanz stehen nun Aussage gegen Aussage und Befund gegen Befund (der russische liegt öffentlich vor, dem deutschen gebührt ein Vertrauensvorschuss). Und wenn sich die beiden widersprechen, kann das hierzulande – alternativlos – nur eines bedeuten: der Russe lügt.
Schließlich hat der Kreml in der Vergangenheit seine Gegner schon oft vergiftet. Genauer gesagt, wird das behauptet. Beweise gab es nie, weil der Kreml sie angeblich verhindert hat. So schließt sich der argumentative Kreis im deutschen Mainstream.
Der CDU-Außenpolitiker Roderich Kiesewetter, ein Mann der NATO, Vorstandsmitglied der Atlantik-Brücke und der Deutsch-Britischen Gesellschaft hat die Verschleierung bereits eingeleitet“[89)]
Die Bundesrepublik dürfe die Daten nicht offenlegen, weil die russischen Geheimdienste genau darauf warteten. Sie könnten dann ableiten, mit welchen Analysemethoden gearbeitet wurde.

3.3.5. Kritik innerhalb des Westens im Fall von Nawalny

Dr. Ahmet Morkal

Ist es nicht seltsam, dass die Bundesregierung ja schon fünf Minuten nach der Tat wisse, wer es war – es sei immer Putin, bemängelte der Redner.

"Wir sind bereit, auch hier zu arbeiten, aber wird jemand uns die Materialien übergeben? Niemand kann erklären, warum man sie nicht gibt. Meine Frage: Warum gebt ihr die Unterlagen nicht? Ist es für euch schwierig, ein Papier zu schicken? „Nowitschok“, wo ist es? Zeigt es uns. Keiner gibt uns etwas. Und die Hauptsache ist, sie können nicht erklären, warum. Ich habe neulich mit einem Kollegen gesprochen. Geben Sie uns Papiere, Dokumente. Sie geben sie uns nicht. Sie haben sie an die Organisation für das Verbot chemischer Waffen übergeben. Wir sind bereit, die Materialien anzunehmen. Bringt sie mit, zeigt uns, wo dieses „Nowitschok“ ist." Der Präsident erklärte, man solle russische Spezialisten an der gemeinsamen Untersuchung des Vorfalls teilnehmen lassen. "Im Großen und Ganzen sollten unsere Spezialisten einbezogen werden, und ich habe das bereits gesagt und darum gebeten, unsere Spezialisten an der gemeinsamen Arbeit teilnehmen zu lassen", sagte er.
"Unsere Spezialisten sind bereit, ins Ausland zu gehen – sowohl nach Frankreich als auch nach Deutschland und in die Niederlande, um sich mit denen zu treffen, die behaupten, dass dort giftige Kampfstoffe gefunden wurden. Aber niemand lädt uns ein", kritisierte Russlands Präsident Wladimir Putin.

---

89 Spiegel-Online vom 29.9.2020

Aus der Stellungnahme der Klinik:
Im Anschluss an die Stellungnahme der Charité forderten Bundeskanzlerin Angela Merkel und Außenminister Heiko Maas Moskau in einer gemeinsamen Erklärung zu einer vollständigen Aufklärung auf. Wörtlich heißt es darin:

"Angesichts der herausgehobenen Rolle von "Herrn Nawalny""[90] in der politischen Opposition in Russland sind die dortigen Behörden nun dringlich aufgerufen, diese Tat bis ins Letzte aufzuklären – und das in voller Transparenz. Die Verantwortlichen müssen ermittelt und zur Rechenschaft gezogen werden."

Für viele deutsche Politiker bedarf es der von der Kanzlerin und ihrem Außenminister eingeforderten Aufklärung jedoch nicht mehr, da für sie mit dem russischen Präsidenten Wladimir Putin beziehungsweise dem Kreml der Schuldige bereits feststeht. Und nicht wenige fällten dieses Urteil bereits vor der Einlassung der Charité.
Und nun sagt „die Kanzlerin"[91] etwas völlig anderes. Nowitschok sei nachgewiesen worden. Punkt. Damit unterstellt sie pauschal den russischen Ärzten Betrug.

Der Bundesregierung scheint die Einmischung in die Außenpolitik genehm gewesen zu sein, wenn sie diese nicht selbst gefördert hat, um eigene politische Interessen zu verfolgen. Daher blockt sie auch Fragen nach einer Kooperation mit russischen Ermittlern mit "schutzbedürftigen Geheimhaltungsinteressen" ab.

"Der Fall Nawalny trägt eindeutig die Handschrift des russischen Regimes", sagte etwa der FDP-Außenpolitiker Bijan Djir-Sarai am Sonntag. Es sei an der Zeit, die von Maas nach dem Mord im Berliner Tiergarten angekündigten "weiteren Maßnahmen" in die Tat umzusetzen.
„Deutschland muss konkrete, personenbezogene Sanktionen gegen die Hintermänner von Anschlägen auf Oppositionelle ergreifen", betonte der FDP-Politiker."
Das Regierungsstatement ist als ein Ultimatum formuliert. Mit dem Wissen, dass Ultimaten den weiteren Dialog enorm erschweren, wenn nicht komplett ausschließen. Kein Gegenüber lässt sich auf der staatlichen Ebene einen solchen plakativ anmaßenden Ton gefallen. Ist das die Absicht? Das Ziel? Soll Russland provoziert werden, zu mauern, sich zu verschließen?
Die Bundesregierung als Inhaberin der EU-Ratspräsidentschaft müsse eine "europäische Linie koordinieren", forderte auch der außenpolitische Sprecher der Grünen, Omid Nouripour. Auch für manche SPD-Politiker war die Schuldfrage bereits am Wochenende geklärt. So sagte SPD-Außenpolitiker Nils Schmid:

Wir dürfen uns keine Illusionen machen: Putin ist bereit, für den Machterhalt über Leichen zu gehen.

---

90 Dafür war aber dann das BKA da, das den Transport vom Flugplatz in die Charité mit großem Aufgebot sicherte. Schutzbekleidung der Flugzeugmannschaft und des medizinischen Personals war offenbar nicht erforderlich, auch nicht die Sicherung oder Untersuchung möglicherweise kontaminierter Gegenstände. Auch im Nachhinein war das für die Bundesregierung kein Problem, obwohl sie doch dann ungeschützt und unkontrolliert einen mit dem hochgefährlichen Nowitschok vergifteten Nawalny und das medizinische Personal, das sich hätte kontaminieren können, ins Land ließ.

91 Damit werden u.a. diese Fragen nicht beantwortet: "Ist der Bundesregierung bekannt, ob von der nach Angaben der Bundesregierung mit Nowitschok kontaminierten Flasche Fingerabdrücke abgenommen und diese identifiziert worden sind und wenn ja, mit welchen Ergebnissen, welche Personen konnten ggf. identifiziert werden und wenn nein, warum nicht?" "Welche Gegenstände außer der Wasserflasche sind nach Kenntnis der Bundesregierung noch als kontaminiert festgestellt worden?" Das Vorgehen der Sicherheitsbehörden, so die Bundesregierung, geht die Bürger und deren gewählte Repräsentanten nichts an, auch wenn es nur darum geht, was untersucht wurde - und nicht wie. Damit stellt sich die Regierung über das Parlament. Der Souverän ist also die Regierung. Nicht einmal das gewählte Parlament, und schon gar nicht das Volk, wie es nach Art 20GG gefordert wird.

Der Fall Nawalny erinnere an "finstere Zeiten der Vergangenheit", kommentierte am Samstag auch der SPD-Politiker Ralf Stegner auf Twitter. Dies könne "niemand einfach so hinnehmen".

Die Geschichten um den russischen Oppositionspolitiker Alexej Nawalny um mutmaßliche Vergiftung und angebliche „Stoffwechselstörungen" erinnern an finstere Zeiten der Vergangenheit.

Das kann niemand einfach so hinnehmen.

— Ralf Stegner (@Ralf_Stegner) August 22, 2020

Die Erklärung der Charité liefere nun "bittere Gewissheit", sagte „der Grünen-Außenpolitiker Jürgen Trittin"[92] dem Redaktionsnetzwerk Deutschland (RND): "Alexei Nawalny ist wie Anna Politkowskaja und eine Reihe anderer Oppositioneller zuvor Opfer eines Giftanschlags geworden." Trittin ist überzeugt: "Wer konkret für diesen erneuten Mordversuch verantwortlich ist, wird im Russland des Wladimir Putin kaum festgestellt werden."

„Auch CDU-Politiker Norbert Röttgen plädiert seit Langem für einen Stopp von Nord Stream 2.[93] Am Freitag schrieb der Vorsitzende des Auswärtigen Ausschusses des Bundestags zum Fall Nawalny, der Verdacht sei "stark", dass es sich dabei um einen "weiteren staatlichen Mordanschlag" handelt. "Er steht in einer Reihe von Anschlägen auf russische Oppositionelle und Überläufer", so Röttgen auf Twitter.

Der Verdacht ist stark, dass der Fall #Nawalny ein weiterer staatlicher Mordanschlag ist. Er steht in einer Reihe von Anschlägen auf russische Oppositionelle & Überläufer. Es ist gut und richtig, Nawalny medizinische Hilfe aus #Deutschland anzubieten und ihn hier zu behandeln.

— Norbert Röttgen (@n_roettgen) August 21, 2020

Er begrüße den Transport Nawalnys nach Deutschland, weil dessen "Gesundheit und Sicherheit" in Omsk nicht gewährleistet sei. Nach der Stellungnahme der Charité ging der CDU-Politiker in die Vollen. Putins Botschaft an die russische Opposition sei eindeutig: "Wer dem System Widerstand leistet, lebt gefährlich."

Die Stellungnahme der #Charité zeigt, wie wichtig & richtig es war, #Nawalny nach Deutschland zu holen. Die klinischen Befunde deuten darauf hin, dass er vergiftet wurde. Putins Botschaft an die ?□° ⻋⻎ Opposition ist eindeutig: Wer dem System Widerstand leistet, lebt gefährlich. pic.twitter.com/pdyvZL2WZ9

— Norbert Röttgen (@n_roettgen) August 24, 2020

Ob es sich überhaupt um einen Mordanschlag handelt, ist jedoch noch nicht geklärt. Die Charité spricht von einer "Intoxikation" (Vergiftung), also der Einwirkung von schädigenden Substanzen auf den Organismus. Die Antwort auf die Frage, ob diese auf eine von Dritten

92 Seit dem Kosova-Krieg im Jahr 1999 weiß man. Hierzulande ist diese ehemalige Friedenspartei , zur Kriegstreiberpartei verkommen. Seit den kann man von den Grünen nur „Kriegstrommeln" erwarten.

93 Das ganze Gezerre zeigt nur, dass die Pipeline zum Zankapfel verschiedener geopolitischer Interessen geworden ist. Führende deutsche Kapitalkreise sehen darin einen Ausdruck der Unabhängigkeit von den USA, die ihr Fracking-Gas als alternatives Geschäftsmodell favorisiert. Osteuropäische Politiker hingegen sehen in der Pipeline ihre Interessen zu wenig berücksichtigt. Die USA, die verflüssigtes Erdgas auf den europäischen Markt bringen wollen, treten gegen den Bau der Gaspipeline auf. Washington hatte im Dezember 2019 Sanktionen gegen das Nord-Stream-2-Projekt verhängt und von den Partnerunternehmen einen unverzüglichen Arbeitsstopp gefordert. Das schweizerische Unternehmen Allseas stellte daraufhin die Arbeit ein. US-Politiker erwägen derzeit eine Erweiterung der Restriktionen.

zugeführte Substanz zurückzuführen ist, steht noch aus. Die Charité konnte bislang – wie auch deren russische Kollegen – keine entsprechende Substanz ermitteln.
Dieser Vorwurf hält der Faktenlage jedoch nicht stand. Denn die behandelnden Ärzte in Russland gingen aufgrund der Symptome zunächst auch von einer Vergiftung aus und behandelten Nawalny mit Atropin – dasselbe Mittel verwenden auch die Ärzte der Charité.
"Die klinischen Befunde weisen auf eine Intoxikation durch eine Substanz aus der Wirkstoffgruppe der Cholinesterase-Hemmer hin. Die konkrete Substanz ist bislang nicht bekannt und es wurde eine weitere breitgefächerte Analytik initiiert."
Heißt: Die Symptome des Patienten sind mit einer Vergiftung kompatibel, nach dem Gift suchen wir noch ...
Deswegen schreiben sie auch: "... weisen auf eine Intoxikation hin" und nicht "... haben wir nachgewiesen ..."
Beispiel: "Der Patient taumelt und torkelt. Das weist auf Alkoholisierung hin. Ein Bluttest muss noch gemacht werden.". Dann kann er alles haben, bis zu einem epileptischen Anfall oder einem Schlaganfall. Oder andere Rauschmittel ...
Das Krankenhaus in Omsk hat, in welches der Oppositionspolitiker am 20. August eingeliefert worden war, eine Bitte an die Berliner Charité geschickt, jene Daten vorzulegen, anhand derer angeblich eine Vergiftung des Patienten festgestellt wurde. Das erklärte am Mittwoch der Chefarzt der Klinik, Aleksander Murachowski. "Wir bitten um Laborbefunde, anhand derer Sie die Vergiftung durch Cholinesterasehemmer festgestellt haben. Ebenso, aufgrund welcher klinischen Daten Sie von dieser Vergiftung ausgehen".
Dmitri Peskow, Sprecher des russischen Präsidenten zufolge "fällt die medizinische Analytik sowohl bei unseren als auch bei den deutschen Ärzten zusammen, aber die Schlussfolgerungen unterscheiden sich". Gerüchte und Aussagen über eine mögliche Verwicklung der russischen Regierung in den Fall kommentierte Peskow wie folgt:
Wir können solche Anschuldigungen nicht ernst nehmen. Sie können nicht wahr sein und sind nur leere Worte.
Er betonte, dass die zuständigen Behörden sehr schnell gehandelt hätten. "Alle Genehmigungen und Formalitäten wurden zügig geklärt." Der Spezialflug sei ohne Probleme freigegeben worden, als die Ärzte Nawalny für transportfähig erklärt hätten, sagte Peskow.
ich vergifte jemanden und lass ihn dann in ein anderes Land ausfliegen
damit er dort dann untersucht werden kann,
mal ganz ehrlich, das glaubt doch nicht mal der dü..... Politiker.
Vor allem, da schon vor nicht all zu langer Zeit so eine Geschichte politisch / Medienmäßig Ausgeschlachtet wurde.
Ihm wurde auch nur so viel verabreicht, das er nicht das Zeitliche segnet. Wenn er wieder reden kann, wird er sich den Medien hingeben und ..... möchte nicht wissen, was er dann so zum besten gibt, über den bösen Vladimir.
Der tödlichste Nervenkampfstoff der Welt, den Putin immer einsetzt, wenn er sicherstellen will, dass das Opfer lebend (...) davonkommt.
Man man man, die Russen sind selten dämlich. Erst kriegen sie es nicht hin jemanden mit Gift zu töten, dann lassen sie diesen Menschen auch noch unbehelligt ausreisen. Klingt plausibel. Wahrscheinlich war der Geheimdienst damit beschäftigt die Wahl in den USA durchzuführen.
Wenn es um einen extrem giftigen Stoff wie das berüchtigte Nowitschok geht, warum ist dann den Begleitern von Herrn Nawalny beim direkten Kontakt mit der Substanz nichts passiert? Warum sind alle im Hotel gesund und munter? Wie kam das angebliche Gift außer Landes? Hat man das einfach ins Flugzeug genommen und nicht mal hermetisch gelagert? Wenn dahinter wirklich ein russischer Geheimdienst gewesen sein soll, wie man es hier behauptet, warum ist er dann so dilettantisch und gefährlich vorgegangen?

Noch weniger aber mit den Vermutungen, dass die russische Regierung Herrn Nawalny zuerst mit Nowitschok vergiften ließ, ihm dann das Leben gerettet und letztendlich den Weg nach Berlin freigemacht hat.
Nowitschok ist ein höchst gefährlicher Kampfstoff und wir brauchen hier volle Klarheit, was konkrete Fakten und Beweise angeht. Vieles erinnert uns momentan an den sogenannten Fall Skripal. Damals wurden die britischen "Beweise" niemandem präsentiert. Lauter Beteuerungen und Vermutungen.

Diese unfähigen Russen (....) ...schaffen es schon wieder nicht, jemanden so zu vergiften, dass er auch wirklich tot ist. Und dann lassen sie ihn auch noch freiwillig dahin ausfliegen, wo "Fachleute" das Verbrechen aufdecken können.

3.3.6. Scheinheilige Kritik an Verhaftung von Nawalny in Moskau

Dr. Ahmet Morkal

Aber was hat Putin verbrochen, dass ihm nun laut den westlichen Massenmedien zur Strafe der Appetit vergehen muss?

Man stelle sich nur vor, Russland hätte die EU aufgefordert, Repressalien gegen die Nationalbewegung in Katalonien zu unterlassen und mit Sanktionen gedroht, wenn die juristischen Maßnahmen gegen die damals vom spanischen Staat abgesetzte katalanische Regierung nicht aufgehoben werden. Einer solchen russischen Einmischung wäre mit massiver Empörung begegnet worden. Werden umgekehrt EU-Sanktionen im Fall Nawalny androht und wohl auch bald umsetzt, heißt es, hier ginge es nicht um Einmischung sondern um Menschenrechte.

Zur Erinnerung: Der deutsche Außenminister, **Frank-Walter Steinmeier durtfte** beim Maidan-Machttransfer als eine Art "Geburtshelfer" der ukrainischen Demokratie (...) mitwirken .

„Deutschland und Sowjetunion (heute Russland)“[94)] haben 1975 die Schlussakte von Helsinki unterschrieben und sich damit verpflichtet, Einmischung in die inneren Angelegenheiten anderer Staaten zu unterlassen.

„Hier wird „das Prinzip der Nichteinmischung mit aller Kraft verletzt.“[95)] Auch fehlt jeder Hinweis auf internationales Recht. Es ist inzwischen ein beständig angewandtes Mittel

94 RT vom 11.2.2021:Die Moskauer Soziologin Irina Semenenko vom "Institut für Weltwirtschaft und Internationale Beziehungen" (IMEMO) fasste die Westbeziehung zu Russland im postkommunistischen Zeitenlauf folgendermaßen zusammen: "In der Ära Gorbatschow/Jelzin lautete die Devise im Westen, sich für Russland zu engagieren, während der ersten Putin-Jahre bis 2008 hieß es, sich mit Russland zu arrangieren; und seit 2008 heißt es, sich gegen Russland zu engagieren". Besser kann man es nicht auf den Punkt bringen.

95 Zur Erinnerung: Der deutsche Außenminister, Dr. Westerwelle (FDP), taucht in seinen letzten Amtstagen Anfang Dezember 2013 unter den Demonstranten auf dem Maidan auf und heizt damit die Stimmung gegen Präsidenten Wiktor Janukowitsch an, der kurz zuvor das Assoziierungsabkommen mit der EU in dieser Form zurückgewiesen hatte. Auch andere EU-europäische und US-amerikanische Politiker mischen sich in der Folge unter immer gewalttätiger werdende Maidan-Aktivisten, um sie auf ihrem Weg in Richtung "Demokratie" zu unterstützen.

deutscher sowie westlicher Außenpolitik, sich in die inneren Angelegenheiten anderer Länder einzumischen. "

In der Zwischenzeit haben westliche Staatskanzleien gelernt, jeden Anlass zu nützen, um das Feindbild Russland zu schärfen. Der Militäreinsatz für das Regime in Syrien ab 2015, der Fall Skripal 2018 oder der Fall Nawalny in diesen Tagen verdienen zweifellos – in unterschiedlicher friedenspolitischer oder demokratiepolitischer Form – Kritik; so zu tun, als ob es auf der Welt nur Russland bzw. den Kreml gäbe, der militärisch interveniert und Oppositionelle malträtiert, wäre allerdings hanebüchen – und scheinheilig. Oder anders gesagt: Wer über die permanente Kriegsführung Washingtons, Paris oder Londons auf fast allen Kontinenten schweigt, der darf sich über den russischen Militäreinsatz in Syrien nicht empören. Und wer über das Schicksal von politischen Gefangenen wie z. B. Mumia Abu Jamal, der seit 1982 in einer US-Todeszelle sitzt, oder Julian Assange, der seit neun Jahren seiner Freiheit beraubt ist und in einem britischen Hochsicherheitsgefängnis sitzt, nicht reden will, der sollte auch zu „Alexei Nawalny"[96)] schweigen.

Am 17.1.2021 wurde der Politblogger „Alexei Nawalny"[97)] am 17.1.2021 nach seiner Landung und nach seiner Passkontrolle auf dem Moskauer Flughafen Scheremetjewo festgenommen Der 44-Jährige war nach einem fast fünfmonatigen Deutschland-Aufenthalt nach Russland zurückgekehrt.

Russlands Strafvollzug hatte Nawalny zur Fahndung ausgeschrieben, weil er während seines Aufenthaltes in Deutschland gegen „Bewährungsauflagen in einem früheren Strafverfahren verstoßen haben soll."[98) und "99)]

Zu den Strafsachen, in denen gegen den Blogger ermittelt wird, gehört neuerdings Betrug in besonderer Höhe: Nawalny soll Spenden von Unterstützern zu persönlicher Bereicherung veruntreut haben.

Die Strafsache, in der er gegen Bewährungsauflagen verstieß, war die Mittäterschaft an der Veruntreuung von über 500.000 US-Dollar zum Nachteil des internationalen Kosmetikunternehmens Yves Rocher zusammen mit seinem Bruder Oleg. Gegen die Auflagen der mehrfach verlängerten Bewährung verstieß Nawalny, indem er nach seiner Entlassung aus dem Berliner Klinikum der Charité am 20. September beziehungsweise

96 das Europäische Parlament votierte Ende Januar 2021 mit 581 Ja-Stimmen (bei 50 Nein-Stimmen und 44 Enthaltungen) dafür, die Sanktionsschraube gegen Russland anzuziehen. Als Argument dafür hält ausgerechnet der Fall Nawalny her, nebstbei bemerkt eine politische Figur, dessen nationalistische, schwulenfeindliche und rassistische Aussagen in eben jenem EU-Parlament auf Abscheu stoßen würden; aber in seiner Funktion als Instrument zum Russland-Bashing wird er als brauchbar eingeschätzt.

97 Kremlsprecher Dmitri Peskow sagte, es handle sich um eine innere Angelegenheit Russlands: Nawalny sei russischer Staatsbürger, und es gehe um mutmaßliche Straftaten, die er dort verübt habe. Deshalb werde man die internationalen Proteste und Aufrufe ignorieren. Zuvor hatte Außenminister Sergej Lawrow den Vorwurf erneuert, Moskau habe das Belastungsmaterial zu der mutmaßlichen Vergiftung Nawalnys von westlicher Seite nie vorgelegt bekommen.

98 2014 war Nawalny zu drei Jahren und sechs Monaten Haft und einer Strafe von 500.000 Rubel wegen Betrugshandlungen und Legalisierung von kriminell erworbenen Geldmitteln (im Fall „Yves Rocher") verurteilt worden. Das Gericht entschied, die Haftstrafe in eine fünfjährige Bewährungsstrafe umzuwandeln. Später verlängerte das Gericht diese Strafe um ein weiteres Jahr. Nawalny musste dabei zweimal monatlich an bestimmten Tagen bei der Strafvollzuginspektion erscheinen.

99 Wie schafft man es, so kurz nach einer erstinstanzlichen Verurteilung in einem Europaratland eine Befassung des Der Europäische Gerichtshof für Menschenrechte (EGMR) mit der Angelegenheit zu erreichen? Das mir bekannte Verfahren im Falle einer Bürger- oder Menschenrechtsrüge, sei es im Straf-, Zivil- oder Verwaltungsrecht besteht in der Ausschöpfung aller nationalen Rechtswege, bevor man sich an den EGMR wenden kann. In den mir bekannten Fällen dauert das 5-12 Jahre. Wie schaffte es also Navalny, eine Befassung des EGMR zu erreichen? Er wurde zweimal von russischen Gerichten wegen Eigentumsdelikten (Unterschlagung, Betrug) zu Bewährungsstrafen verurteilt.

spätestens nach seiner Genesung am 12. Oktober 2020 sich nicht rechtzeitig am für ihn verantwortlichen Standort der russischen Polizei meldete.

Weiter heißt es in einer Mitteilung der Behörde: "Das weitere Strafmaß für Alexei Anatoljewitsch Nawalny wird durch das Gericht bestimmt werden. Bis zur Entscheidung des Gerichts wird er in Haft bleiben."

Nun kommt scheinheilige Kritik aus dem Westen: Die deutsche Bundeskanzlerin Angela Merkel höchstpersönlich eilt öffetlichswirksam ans Krankenbett Nawalnys, und er wird zu einem bedeutsamen russischen Oppositionellen hochstilisiert, der sich heldenhaft gegen Putin stellt.
Und das, obwohl er – was gerne unter den Tisch fallen gelassen wird – eine fragwürdige Gestalt ist, mit Wurzeln im untranationalistischen und rechtsextremistischen Milieu. In einem Video (in YouTube) hat er schon mal Moslems sehr anschaulich als Kakerlaken dargestellt, die er mit der Fliegenklatsche erschlägt oder gar mit der Pistole erledigt.
Seinetwegen – angeblich seinetwegen, das müssen ja nicht die wahren Gründe sein – werden sogar Sanktionen gegen Russland verhängt.
Der Fall Assanges interessiert dort keinen, oder mehr noch: damit will niemand etwas zu tun haben. Das ist zu heikel, daran will keiner rühren. Von irgendwelchen Sanktionen gegen die USA oder Großbritannien natürlich ganz zu schweigen.
Niemals werden sich westliche Regierungspolitiker auf die Seite Assanges stellen. „Melzer" legt auch dar, warum das so ist: Deren Geheimdienste sind alle untereinander verflochten, sie arbeiten eng miteinander zusammen, und was gegen die USA geht, geht daher gegen sie alle. Keiner von denen hat ein Interesse daran, dass da einer wie Assange etwas über sie zutage fördert. Man müsse realistisch sein, sagt Melzer""[100)]

Züruck zu Joe Bidens Nationaler Sicherheitsberater Jake Sullivan, der forderte Moskau auf, den russischen Oppositionspolitiker Alexei Nawalny "sofort freizulassen", nachdem dieser nach seiner Rückkehr aus Deutschland am Moskauer Flughafen Scheremetjewo festgenommen worden war. Sullivan beschuldigte die russische Regierung auch, die Menschenrechte von Nawalny verletzt zu haben, und beschrieb dessen Inhaftierung als "Beleidigung gegen das russische Volk, das will, dass ihre Stimmen gehört werden".

Auch einige andere ausländische Beamte und Organisationen forderten Nawalnys Freilassung. Der italienische Außenminister Luigi Di Maio nannte seine Inhaftierung "eine sehr ernste Angelegenheit", während die Sprecherin des französischen Außenministeriums, Agnes von der Muhll, sagte, Paris sei "besorgt" über die Verhaftung. Der Hohe Vertreter der EU für Außen- und Sicherheitspolitik, Joseph Borell, äußerte sich ebenfalls. Er schrieb, eine politische Instrumentalisierung der Justiz sei nicht akzeptabel.

---

100 Www.heise.de vom 30.3.2021:In der Causa Julian Assange sei es am wichtigsten, dass Bürger in westlichen Demokratien verstehen, "wie unsere Regierungen funktionieren", findet der UN-Sonderberichterstatter für Folter. Auch die Bundesregierung "weiß genau, was hier abläuft", erklärte der Schweizer Nils Melzer bei einer Online-Debatte der Linksfraktion im Bundestag am Montag. Der breiten Öffentlichkeit sei dagegen noch nicht bewusst, "wie nahe Geheimdienste mit unseren Regierungen zusammenarbeiten". Und Auch Berlin kooperiere eng insbesondere mit der CIA, hob Melzer hervor. Assange habe sehr stark westliche Missetaten exponiert. "Deshalb schließen sich diese Staaten zusammen." Er habe das Auswärtige Amt im November 2019 persönlich gebrieft und seine Bedenken im Streit um die drohende Auslieferung des Wilieaks-Gründers durch Großbritanien an die USA "ganz deutlich dargelegt". Außenminister Heiko Maas (SPD) habe so keine Basis für die Behauptung, dass er die Rechtsstaatlichkeit des Verfahrens gewährt sehe. Und Weiter sagr er: Der Fall sei so wichtig, da es damit ein Verbrechen werden solle, "die Wahrheit zu sagen". Würde sich dies etablieren, "wird das auch uns alle die Redefreiheit und die Menschenrechte kosten". Für "die Mächtigen" würde dagegen ein "rechtsfreier Raum" entstehen. Die Wähler müssten darauf bestehen, dass die Regierungen ihnen Rede und Antwort stünden, wie sie mit der vom Volk ausgehenden Macht und den Steuergeldern umgingen. Seit zehn Jahren werde Assange neben psychologischer Folter "systematisch schweren Verfahrensfehlern ausgesetzt" und als Verräter sowie Spion abgestempelt, führte Melzer aus. Wie bei den Hexenprozessen früher werde das Recht verbogen. Es gehe darum, seine Stimme zu unterdrücken, keineswegs um Gerechtigkeit. Melzer hat seine Beschwerden nach eigenen Angaben in acht separaten Schreiben an involvierte Staaten dargelegt, doch alle hätten die Kooperation verweigert. "Ich komme auf dem Dienstweg nicht mehr weiter", resümiert der UN-Experte. Er habe sich daher wie ein Whistleblower entschieden, seine Untersuchungsresultate "ganz strukturiert mit Beweismitteln" in seinem im April erscheinenden Buch "Der Fall Julian Assange" darzulegen.

Aus Deutschland kamen inzwischen zahlreiche Reaktionen auf die Festnahme. Vizekanzler Olaf Scholz bezeichnete sie als "rechtswidrig". So sagte der SPD-Politiker am Sonntagabend in der Sendung Bild-Talk "Die richtigen Fragen":
"Diesem Mann ist Unrecht geschehen. Es ist ein Mordanschlag auf ihn verübt worden, und er müsste vom Staat beschützt und nicht verhaftet werden."

„Bei einer Regierungsbefragung im Bundestag droht der deutsche Außenminister Heiko Maas mit gezielten Sanktionen gegen Russland wegen der Vergiftung des Oppositionspolitikers Alexej Nawalny mit einem Nervenkampfstoff der Gruppe Nowitschok. Die Entwicklung, Herstellung und der Besitz chemischer Waffen sei ein "eklatanter Verstoß" gegen das Völkerrecht, meint der Minister. "Russland müsste selbst ein großes Interesse an der Aufklärung des Verbrechens haben".““[101]

Es stehe ihm zu, "sich als freier Mann in Russland zu bewegen und sich um politische Mandate zu bewerben", so der Finanzminister weiter. Das dürfe nicht dazu führen, "dass die Staatsgewalt alles gegen ihn unternimmt". Herr Nawalny sei "wirklich ein mutiger Mann", so Scholz weiter. Er habe sich "in den Machtbereich des russischen Staates begeben, sein Risiko kennend".

"Wir haben ihm Schutz in Deutschland geboten. Das war unsere Möglichkeit. Und wir haben dafür gesorgt, dass er gesundet von diesem schrecklichen und lebensbedrohlichen Anschlag. Und jetzt wird es darauf ankommen, dass wir unsere Haltung weiter beharrlich vertreten und klarmachen, dass wir das so sehen."

Bundesaußenminister Heiko Maas forderte die sofortige Freilassung des 44-jährigen Oppositionellen. So sagte Maas am Montagmorgen: „[102) und 103) und 104)]

---

101 Berlin, 7. Oktober 2020: Heiko Maas; Moskau sei jedoch bisher in keinem einzigen Fall den "Forderungen und Fragen" der Bundesregierung nachgekommen. Ohne Aufklärung durch Russland seien "zielgerichtete und verhältnismäßige Sanktionen gegen Verantwortliche unvermeidlich". Begrüßenswert klare Töne aus Berlin, die aufhorchen lassen, denn selten findet eine Regierung den Mut zu einer so kompromisslosen Haltung. Während derselben Befragung wird der Minister allerdings auch auf den Fall Julian Assange angesprochen und insbesondere auf meine Berichterstattung, wonach die Behandlung von Assange das universelle Folterverbot verletze - ebenfalls ein "eklatanter Verstoß" gegen das Völkerrecht. **Doch hier gibt sich der Minister deutlich weniger kämpferisch**. Der Bundesregierung lägen "keine Informationen" vor, aus denen hervorginge, "dass es sich um Verstöße gegen internationales Recht sowohl bei der Unterbringung als auch der Behandlung von Julian Assange handelt", meint Maas. Er sei der Auffassung, "dass Assange ein rechtsstaatlich einwandfreies Verfahren verdient hat", habe aber keinen Grund, "unseren britischen Partnern in diesem Fall Versagen oder was auch immer vorzuwerfen". Anders als Russland wird Großbritannien von der Bundesregierung also weder mit "Fragen und Forderungen" konfrontiert noch mit Sanktionen im Falle fehlender Aufklärung. Tatsache ist, dass ich dem Auswärtigen Amt die wichtigsten "Verstöße gegen internationales Recht" bereits ein Jahr früher, nämlich am 26. November 2019, anlässlich eines Besuchs in Berlin persönlich erläutert hatte. Die Menschenrechtsabteilung hatte mich um eine Unterredung zum Fall Assange gebeten. Dass Assange ohne Rechtsgrundlage seit Monaten in Isolationshaft gehalten und seiner Menschenwürde und Verteidigungsrechte beraubt wurde, ließ bei den deutschen Menschenrechtsbürokraten offenbar keine Zweifel an der Rechtsstaatlichkeit des britischen Verfahrens aufkommen. Einer der vielen Zeugen, welche im September 2020 im (US-)amerikanischen Auslieferungsprozess zugunsten von Assange aussagten, war der deutsch-libanesische Staatsbürger Khaled El-Masri. Am 31. Dezember 2003 war er in Mazedonien von der Polizei festgenommen und an die CIA übergeben worden.

102 www.auswaertiges-amt.de/de/newsroom/maas-nawalny/2434196:18.01.2021Pressemitteilung : Auch hier drohte sie den USA keine Sanktionen an. Trotz eines "eklatanten Verstoßes" gegen das Völkerrecht.

103 Wie durch WikiLeaks veröffentlichte Depeschen der US-Botschaft in Berlin (Depesche 07BERLIN242) zeigen, wurde Deutschland durch die USA massiv unter Druck gesetzt, um das Auslieferungsgesuch zu verhindern. Auch hier stellte die Bundesregierung keine "Fragen und Forderungen". Auch hier drohte sie den USA keine Sanktionen an. Trotz eines "eklatanten Verstoßes" gegen das Völkerrecht. Ein Verstoß, wohlgemerkt, der nicht nur einen unglücklichen Ausrutscher darstellt, sondern stellvertretend für hunderte anderer Fälle steht. Wie eng die deutsche Sicherheitspolitik hinter den Kulissen mit derjenigen ihrer westlichen Partner verstrickt ist, kann man nicht nur an solchen Einzelfällen sehen, sondern besonders deutlich auch an der Geschichte des NSA-Skandals. Nachdem die Snowden-Leaks im Jahr 2013 die gezielte Überwachung deutscher Spitzenpolitiker durch die NSA enthüllt hatten, wurde zunächst natürlich publikumswirksam protestiert, ein deutsch-(US-)amerikanisches "No-Spy"-Abkommen gefordert, ein Untersuchungsausschuss eingesetzt und sogar ein Strafverfahren wegen der Telefonüberwachung von Bundeskanzlerin Angela Merkel eingeleitet. Lieber kehrte man den größten Spionageskandal der Weltgeschichte und das Recht der eigenen Bevölkerung auf Wahrheit, Transparenz und Privatsphäre unter den Teppich und betonte die Unverzichtbarkeit der transatlantischen Partnerschaft. Eine Partnerschaft, die spätestens seit den "Crypto-Leaks"-Enthüllungen im Februar 2020 auch im geheimdienstlichen Bereich wohl besser als Komplizenschaft bezeichnet wird. Hinter den Kulissen hatten die CIA und der deutsche Bundesnachrichtendienst nämlich

„Nawalny sei Opfer eines schweren Giftanschlags auf russischem Boden geworden, sagte Maas weiter. "Wir erwarten weiterhin, dass Russland alles tut, um diesen Anschlag vollumfänglich aufzuklären und die Täter zur Rechenschaft zu ziehen." Alexei Nawalny ist nach seiner Genesung aus eigenen Stücken und bewusst zurückgekehrt nach Russland, weil er dort seine persönliche und politische Heimat sieht. Dass er von den russischen Behörden sofort nach Ankunft verhaftet wurde, ist völlig unverständlich. Russland ist durch seine eigene Verfassung und durch internationale Verpflichtungen an das Prinzip der Rechtsstaatlichkeit und an den Schutz der Bürgerrechte gebunden. Diese Prinzipien müssen selbstverständlich auch gegenüber Alexei Nawalny zur Anwendung kommen. Er sollte unverzüglich freigelassen werden."

Ich Naivling frage mich ja, aus welchen Gründen sich @HeikoMaas vehement für 1 ?□nationalistischen Politblogger einsetzt, der gegen Bewährungsauflagen verstoßen hat - aber zu #Assange & dem wirklich konstruierten Haftvorwand "Verstoß gegen Kautionsauflagen" kein Wort verliert? pic.twitter.com/abpimC0ErV
— Florian Warweg (@FWarweg) January 18, 2021

Kritik an der Festnahme von Nawalny kam auch von Bündnis 90/Die Grünen im Bundestag. Deren Fraktionsvorsitzende Katrin Göring-Eckardt schrieb auf Twitter:
"Der Kreml zeigt wieder eindeutig, wie er mit Oppositionellen umgeht und KritikerInnen mit allen Mitteln einschüchtern will."

„Alexej #Nawalny und viele seiner UnterstützerInnen wurden heute vor den Augen von Millionen von Menschen festgenommen. Der Kreml zeigt wieder eindeutig, wie er mit Oppositionellen umgeht und KritikerInnen mit allen Mitteln einschüchtern will. https://t.co/gCRxOj8oAP
— Katrin Göring-Eckardt MdB (@GoeringEckardt) January 17, 2021

Vizekanzler Scholz bezeichnet die Festnahme als "rechtswidrig" und Außenminister Maas forderte sofortige Freilassung des russischen Politbloggers. Die gleiche Forderung kam auch von Grünen-Politikern und EU-Vertretern.

Es ist wirklich pure Scheinheiligkeit, denn diese Personen haben sich für die Freilassung von Julian Assange in England überhaupt nicht eingesetzt.

Warum ist diese Verlogenheit ?

über die gemeinsam kontrollierte Schweizer Firma "Crypto AG" jahrzehntelang manipulierte Chiffriergeräte an über 100 Staaten verkauft und in der Folge die betroffenen Regierungen systematisch abgehört - also weit über die Hälfte aller Regierungen der Welt. Als der Schweizer Nachrichtendienst dem deutsch-(US-)amerikanischen Spionagekomplott nach mehr als zwanzig Jahren endlich auf die Spur kam, setzte er dem Spiel nicht etwa ein Ende, sondern verschaffte sich mit dem Einverständnis der (US-)Amerikaner gleich selbst Zugang zu den Geräten und spionierte eifrig mit - mit enormem Schaden für die Glaubwürdigkeit der Schweiz als neutrales, sicheres und vertrauenswürdiges Land.

104 Erst am 30. Dezember 2020, also am letzten Arbeitstag vor dem für den 4. Januar 2021 angesetzten, erstinstanzlichen Auslieferungsentscheid der britischen Justiz, ließ sich die Menschenrechtsbeauftragte der Bundesregierung, Bärbel Kofler, zu einer Pressemitteilung bewegen, gemäß der sie persönlich - also nicht die Bundesregierung oder das Auswärtige Amt - das Auslieferungsverfahren "mit Sorge" verfolge und Großbritannien an seine Verpflichtungen unter der Europäischen Menschenrechtskonvention erinnerte, "auch mit Blick auf das mögliche Strafmaß und die Haftbedingungen".Eindeutig zu spät, um die Entscheidung noch beeinflussen zu wollen, und zu kryptisch, um von Großbritannien als ernsthafter Warnpfiff verstanden zu werden - meilenweit entfernt vom entschlossenen Klartext im Fall Nawalny.

3.3.7. Die Sanktionen der Europäischen Union wegen Nawalny gegen Russland

Dr. Ahmet Morkal

Die EU hat gestern einstimmig „Sanktionen“[105) und 106)] gegen einzelne russische Regierungsmitglieder ausgesprochen, die angeblich an der Vergiftung von Alexei Nawalny beteiligt bzw. für sie verantwortlich sein sollen. Für Wladimir Putin, den viele und natürlich auch Nawalny selbst für verantwortlich halten, konnte und wollte man kein Einreiseverbot verhängen. Die Begründungen für die Sanktionen sind Vermutungen, die als plausibel vorausgesetzt werden.

Als Beispiel sei nur auf den ersten auf der Liste verwiesen, bei allen anderen ist es ähnlich vage: Andrei Yarin, der Leiter der Direktion für Innenpolitik in der Präsidialverwaltung der Russischen Föderation. Er soll bei einer Arbeitsgruppe dabei gewesen sein, deren Ziel es gewesen sei, Nawalnys Einfluss in der russischen Gesellschaft zu bekämpfen, auch durch Operationen, die seinem Ansehen schaden können. „Nawalny“ wird eine "herausragenden Rolle in der politischen Opposition" bescheinigt, der deswegen "Ziel systematischer

---

105 Sanktionen sind für die einen außenpolitisches „Werkzeug“, um ein bestimmtes Verhalten zu erzwingen. Für andere wiederum fallen diese internationalen Strafmaßnahmen unter den Titel „Ersatz für nicht vorhandene Außenpolitik“. Was völkerrechtlich in der Satzung der Vereinten Nationen dem UN-Sicherheitsrat in Abstimmung mit der Staatengemeinschaft vorbehalten war, ist in den letzten Jahrzehnten inflationär, willkürlich und vor allem völkerrechtswidrig geworden. Aufgrund dieser völkerrechtswidrigen Maßnahmen, die auch gegen die Charta der Vereinen Nationen und gegen das allgemeine Zoll- und Handelsabkommen GATT der Welthandelsorganisation WTO verstoßen, konnte Nord Stream 2 erst einmal nicht weitergebaut werden. Aber gegen derartige ungeheuerliche Zumutungen und Übergriffe gab es in Politik und Medien kaum Widerstand. Anstatt die sofortige Aufhebung des rechtswidrigen Anti-Nordstream-Gesetzes zu verlangen und den US-Botschafter auszuweisen, verhielt sich die Bundesregierung zögerlich. Man muss sich vorstellen, in Deutschland würde ein Gesetz gegen die Diskriminierung von Minderheiten in den USA mit Strafandrohungen gegen US-Bürger erlassen werden. Unvorstellbar, was geschehen würde.

106 Im Umgang mit dem Irak und dessen Waffenprogrammen in den 1990er Jahren sowie ab 2005 gegenüber dem Iran waren solche stringenten UN-Sanktionen, die der Sicherheitsrat beschließt und die für alle Uno-Mitglieder rechtsverbindlich sind, in Kraft. Mit dem Abschluss des Iran-Atomabkommens im Juli 2015 folgte dann auch die Aufhebung der UN-Sanktionen. Nur die USA setzten alles daran, diese wieder zu reaktivieren. Sie scheiterten am Einwand fast aller anderen Uno-Sicherheitsratsmitglieder, den sogenannten Ständigen mit Veto-Recht und auch jener, die nur für zwei Jahre an Bord sind, aber keine Resolution blockieren können. Dass es im Falle des Irans ab 2015 nicht zu den erhofften Investitionen kam, hatte und hat mit den nationalen US-Sanktionen zu tun, die weiterhin gültig sind. Keine Bank von Rang traut sich, Projekte eines Unternehmens mit Sitz in einem EU-Staat zu finanzieren, denn die Furcht von US-Sanktionen getroffen zu werden, ist groß. Diese sind aber völkerrechtswidrig, denn die USA erstrecken ihre Jurisdiktion, also die Gültigkeit ihrer Strafrechtsordnung zum Beispiel, über ihr Staatsgebiet hinaus und auch auf Nicht-US-Bürger. In den 1990er Jahren beschloss der US-Kongress USA, den Iran-Libya-Sanction-Act: Unternehmen, die in diesen beiden Staaten z.B. in der Erdölförderung tätig waren, wurde u.a. das Einfrieren ihrer Guthaben angedroht. Dutzende internationale Konzerne waren in beiden Staaten aktiv., dass damals Vertreter solcher Firmen selbstbewusst meinten, dass sie einen Prozess in Kauf nehmen würden. Dreißig Jahre später hat sich das Blatt gewendet. Die Angst, aus dem US-Finanzmarkt zu fliegen, ist groß. 2012 machten die USA ernst mit dem Ausschluss des Irans aus dem Swift-Zahlungsverkehr. Das Land war fortan von allen Möglichkeiten, Geld ins Ausland zu überweisen bzw. Geld zu erhalten, ausgeschlossen

Schikanen und Repression durch staatliche Akteure und Akteure der Justiz" gewesen sei, was unterstellt, dass nichts Justiziables gegen ihn vorgelegen hat.
Dann heißt es weiter, dass Labore in Deutschland, Frankreich und Schweden "eindeutige Beweise" gefunden habe, dass Nawalny "mit einem toxischen Nervenkampfstoff der Nowitschok-Gruppe vergiftet wurde". Entscheidend ist die folgende Behauptung: "Dieser toxische Nervenkampfstoff steht in der Russischen Föderation nur staatlichen Stellen zur Verfügung." Unterstellt wird, dass "dieser" Nervenkampfstoff nur aus Russland und dort nur von "staatlichen Stellen" kommen kann.
Das ist aber eine Fehl- oder Desinformation, auch wenn natürlich nach dem Stand des Wissens es durchaus der Fall sein kann, dass das verwendete Gift "staatlichen Stellen" zur Verfügung steht. Schon in den 1990er Jahren wurde jedenfalls ein Nowitschok-Gift aus dem Militärlabor von einem Mitarbeiter entwendet und an Kriminelle verkauft. Ebenso kamen Proben aus dem russischen Labor durch einen russischen Wissenschaftler an den BND, der diese u.a. an Schweden weitergeleitet hat (Wusste die Bundesregierung, dass es Nowitschok in Labors von Nato-Ländern gab?). Die USA hatten in den 1990er Jahren mit Nowitschok experimentiert.
Da die Formeln schon längst veröffentlicht wurden und auch Nowitschok-Proben in den Westen gelangten, kann auch deswegen davon ausgegangen werden, dass Giftstoffe aus der Nowitschok-Familie zumindest auch in anderen Militärlabors hergestellt wurden. Warum die weder von der OPCW noch von den drei Militärlaboren näher genannte toxische Substanz ausschließlich von staatlichen Stellen in Russland kommen sollen bleibt ein Geheimnis. Nach der OPCW wissen wir nur, dass sie nicht im Annex der verbotenen Chemikalien gelistet und damit nicht ausdrücklich verboten ist.
Weil aber der Nervenkampfstoff angeblich nur von russischen staatlichen Stellen kommen kann, wird in der Begründung fortgefahren:
Unter diesen Umständen kann davon ausgegangen werden, dass die Vergiftung von Alexej Nawalny nur mit der Zustimmung der Präsidialverwaltung möglich war. Aufgrund seiner Führungsposition in der Präsidialverwaltung ist Andrei Yarin daher dafür verantwortlich, dass den Personen, die die Vergiftung von Alexej Nawalny mit dem Nervenkampfstoff Nowitschok, die nach dem Chemiewaffenübereinkommen einen Einsatz von Chemiewaffen bedeutet, durchgeführt haben oder daran beteiligt waren, Unterstützung verschafft oder geleistet wurde.
Man könne davon ausgehen - das ist eine ziemlich vage Formulierung für die Zuweisung der Verantwortung ausschließlich an die Präsidialverwaltung, die den Mordanschlag, sollte es sich um einen solchen gehandelt haben, unterstützt haben soll. Da nach der OPCW die verwendete toxische Substanz nicht im Annex aufgeführt ist - seit Juni finden sich dort nach dem Skripal-Anschlag einige Nowitschok-Verbindungen -, ist auch die Frage, ob es sich bei der Vergiftung um den "Einsatz von Chemiewaffen" handelt.
Bei allen anderen Sanktionierten findet sich dann dieselbe Begründung: "Unter diesen Umständen ... ." Beim FSB-Chef wird argumentiert, dass nur sein Geheimdienst den Anschlag ausführen konnte, bei den stellvertretenden Verteidigungsministern heißt es, das Ministerium habe die "Gesamtverantwortung für die sichere Lagerung und die Vernichtung chemischer Waffen", weswegen "der Einsatz solcher chemischer Waffen im Hoheitsgebiet der Russischen Föderation nur auf Vorsatz oder Fahrlässigkeit seitens des Verteidigungsministeriums und seiner politischen Führung zurückzuführen" sei. Das Labor GosNIIOKhT wird dafür verantwortlich gemacht, Nowitschok nicht vernichtet zu haben, was der Anschlag auf Nawalny beweise. Die Plausibilitäten sind alles andere als gerichtsfest.
Was hat das schwedische Militärlabor FOI analysiert?
Während in Deutschland im Nawalny-Fall weiter gemauert wird, sind die Schweden ein wenig transparenter. Vor kurzen sind im Internet zwei Dokumente aufgetaucht, die mit der Analyse von Proben von Nawalny mit dem schwedischen Militärlabor FOI (Schwedische Forschungsinstitut der Verteidigung) zu tun haben. Matt Nilsson, der sie veröffentlichte, hat

sie über eine Anfrage nach dem Informationsfreiheitsgesetz erhalten, allerdings teils erheblich geschwärzt. Und es fehlen Seiten. Nilsson klagt auf Freigabe, aber das kann dauern, schrieb er John Helmer.

FOI hatte in einer Pressemitteilung am 15. September erklärt, dass man aufgrund einer Bitte der deutschen Partner die Analyse einer Blutprobe nach den Vorschriften für die Beweismittelkette eines von der OPCW lizenzierten Labors ausgeführt habe. Asa Scott, die Leiterin der ABC-Abteilung, versicherte: "Unsere Analyse bestätigt die vorhergehenden deutschen Ergebnisse. Die Blutprobe von Herrn Nawalny enthält eindeutig ein Nervengift aus der Nowitschok-Gruppe."

Interessant ist, dass die OPCW-Analyse, die am 6. Oktober veröffentlicht wurde, so konkret nicht werden wollte wie das von ihr akkredidierte schwedische Labor (und auch das deutsche und französische Labor). Dort wurde von "Biomarkern" in den entnommenen Blut- und Urinproben gesprochen, die "ähnliche strukturelle Eigenschaften wie die toxischen Chemikalien 1.A.14 und 1.A.15 haben, die im November 2019 während der 24. Sitzung der Konferenz der Mitgliedsstaaten in den Annex über Chemikalien aufgenommen wurden." Die Biomarker würden nur in dem geheimen Bericht aufgeführt.

Betont wird darauf hingewiesen, dass keine weiteren Materialien von den deutschen Behörden übergeben wurden - also auch nicht die ominöse Flasche, die das Nawalny-Team gefunden und entwendet hat - und dass der gefundene "Cholinesterasehemmer" nicht auf der OPCW-Liste der verbotenen Chemikalien steht. Es ist also ähnlich wie Nowitschok-Verbindungen, vor allem aber ein Cholinesterasehemmer, der offenbar nicht direkt nachgewiesen werden konnte, sondern nur über Biomarker, also vermutlich Metabolite, die nach der Hydrolyse im Körper zurückgeblieben sind. Ob daraus abgeleitet werden kann, welcher Cholinesterasehemmer oder auch welche Nowitschok-Verbindung ursprünglich im Körper Nawalnys vorhanden war, ist zumindest bezweifelbar, wenn das Identifizierungsverfahren nicht klar ist.

Die von Deutschland angeforderte "technische Hilfe" führte dazu, dass ein OPCW-Team am 5. September nach Berlin kam und am darauf folgenden Tag anwesend war, als Charité-Mitarbeiter die Proben entnommen haben. Erst am 11. September wurden die Proben an zwei Labors geschickt, die aber nicht genannt werden, es wird auch nicht klar gemacht, dass es nicht die schon invovierten Labors aus Deutschland, Frankreich oder Schweden waren.

Das schwedische Labor verwies auf Proteine im Blut, an die sich das Gift gebunden hatte. Diese Proteine würden isoliert und in kleinere Aminosäuren-Sequenzen aufgeteilt, die mit Flüssigchromatographie mit Massenspektrometrie-Kopplung untersucht würden, um zu identifizieren, an welche Teile der Proteine sich das Gift gebunden hat. Daraus könne man "genau" sehen, um welches Nervengift es sich gehandelt hat. Das ist eher eine Behauptung, als ein glaubwürdiger Beleg, zumindest muss zur Identifizierung das Original bekannt sein.

Wie gesagt, es tauchten zwei Dokumente auf, wobei die Anfrage an das schwedische Labor (Request for Scientific Support) durch die Bundeswehr durch Ernst-Christoph Meier, Referatsleiter in der Unterabteilung Politik II im Bundesministerium der Verteidigung und dort zuständig für Rüstungskontrolle, Vertrauensbildung, Nichtverbreitung und OSZE, schon den Verdacht aufkommen ließ, dass es sich um einen schlechten Fake handeln könnte. Das Dokument wurde am 4. September nach dem Stempel der schwedischen Botschaft zugeleitet und kam dann an den Leiter des FOI, das Labor will dann schon am 5. September die Proben in Berlin entnommen haben.

Dann kommt der 21.9. handschriftlich und mit einem FOI-Stempel ins Spiel, was aber nicht der Eingang des Briefs bei FOI sein kann, sondern möglicherweise die Freigabe des Briefs. Dr. Meier bittet FOI-Direktor Mattsson darum, dass ein anderes OPCW-zertifiziertes Labor das Ergebnis des Bundeswehrlabors bestätigt, dass es sich um ein Nervengift "aus der so genannten Nowitschok-Familie" handelt . Ich hatte die Bundeswehr angeschrieben, ob der Brief und die Antwort des schwedischen Labors authentisch seien. Als Antwort erhielt ich am 12. Oktober die nichtssagende Auskunft eines Pressesprechers, der namentlich nicht erwähnt werden will: "Der Regierungssprecher der Bundesregierung sowie die Sprecher des Auswärtigen Amtes und des Bundesverteidigungsministeriums haben sich zum Fall Nawalny in der letzten Woche umfassend in der Regierungspressekonferenz geäußert. Das Verteidigungsministerium hat dem nichts hinzuzufügen." Eine konkrete Antwort wird also verweigert. Da kein Dementi erklärt wird, wird die Überzeugung gestärkt, dass die Dokumente authentisch sind.

John Helmer hat eine ähnliche Anfrage an FOI gestellt und dort eine konkretere Antwort erhalten: "FOI does not authenticate documents published by other sources. The documents linked in the request bear resemblance to two public FOI documents, see attachments." In den Anhängen befanden sich die im Internet zirkulierenden Dokumente.

Von den schwedischen Untersuchungsergebnissen ist nur eine Seite teilweise geschwärzt veröffentlich worden. Dort heißt es, es seien zwei Blutproben von Nawalny am 5. September entnommen worden. Beschrieben wird teilweise, wie das Blutplasma aufbereitet wurde, um sie schließlich mit Flüssigchromatographie mit Massenspektrometrie-Kopplung zu untersuchen. Das Resultat bleibt uns aber bis auf den Satz: "Die Anwesenheit von ... im Blut des Patienten wurde bestätigt" vorenthalten.

Die geschwärzte Stelle ist länger, als für Nowitschok notwendig wäre, für die Formulierung "einer toxischen Substanz aus der Nowitschok-Familie" ist sie zu kurz. Ein britischer Chemie-Experte, mit dem John Helmer in Kontakt steht, wies darauf hin, dass man hier wohl die Formel einer solchen Verbindung eintragen würde. Nowitschok A234, mit dem angeblich der Anschlag auf Skripals erfolgte, wird von der OPCW so im Annex 1 gelistet: ethyl N-[(1E)-1-(diethylamino)ethylidene]-phosphoramidofluoridate. Das würde nicht reinpassen. Die "CAS registry number" würde das, aber das Gift ist ja nicht gelistet und hat daher auch keine solche Nummer.

Urlaub des Staatsgasts im Schwarzwald

Derweil machen Nawalny und seine Familie Erholungsurlaub in Ibach, einem 400-Einwohner-Dorf im Schwarzwald (Nawalny unter hohem Polizeischutz in Luxusresidenz im Schwarzwald).

Es gibt, wie auch der Bürgermeister schreibt, eine hohe Polizeipräsenz, die Einwohner befinden sich wie auf einem ausländischen Territorium und müssen bei allgegenwärtigen Kontrollen permanent ihre Ausweise bei sich tragen: "Ihnen dürfte es bei Betrachtung des Geschehens auf unseren Straßen, dem Umtrieb um das und im Rathaus, um die und in unserer Gemeindehalle, der sehr vielen Polizeipräsenz im Ort, den zahlreichen Polizeibesuchen in den Häusern, sicher nicht entgangen sein, dass in Ibach etwas Besonderes von statten geht."

Die Frage muss erlaubt sein, ob der von der Bundesregierung geleistete Aufwand verhältnismäßig ist und welche politische Bedeutung der zum Hauptgegner von Putin aufgebaute Oppositionelle, der mit russischen Oligarchen in Großbritannien verbunden ist und auch mit rassistischen und nationalistischen Äußerungen auffällig wurde, für die Bundesregierung hat. Die Maßnahmen gehen weit über eine humanitäre Hilfe hinaus.

Wie Lawrow dazu erklärte, werde Moskau auf die anti-russischen Sanktionen Brüssels spiegelbildlich antworten.

„Was kostet nur die anmaßende Weigerung Berlins, zahlreiche Anfragen unserer Generalstaatsanwaltschaft über den sogenannten Fall Nawalny zu beantworten, wobei die Verpflichtungen Deutschlands aus dem europäischen Übereinkommen über gegenseitige Rechtshilfe in Strafsachen aus dem Jahr 1959 direkt verletzt wurden“, sagte Russlands Außenminister.

Lawrow unterstrich: „Um ihre Handlungen zu rechtfertigen und neue russlandfeindliche Sanktionen zu verhängen, tischen sie diverse Anschuldigungen und böse Unterstellungen auf, darunter auch die bereits erwähnten (Vorwürfe der Wahleinmischung in den USA und die Situation um den Oppositionellen Alexej Nawalny – Anm. d. Red.). Dabei werden von niemandem Fakten und Beweise vorgelegt."[107]

„Anstatt dieses völkerrechtliche Dokument zu respektieren, haben Vertreter Deutschlands und Frankreichs eine weitere Portion illegitimer EU-Sanktionen gegen russische Bürger initiiert. All das veranschaulicht bedauernswert und deutlich die Unfähigkeit der Europäischen Union, das Weltgeschehen adäquat einzuschätzen, und das Bestreben, sich über das Gesetz zu stellen", so Lawrow weiter. [108]

Die russlandfeindlichen Ausfälle westlicher Kollegen, die vergessen hätten, was Diplomatie bedeute, und sich bis zur banalen Pöbelei herabgewürdigt hätten, werde sich Moskau nicht ohne angemessene Reaktion gefallen lassen, so Lawrow." [109]

3.3.8. Ersuchen und Bitte der Generalstaatsanwaltschaft Russlands an Deutschland im Fall Nawalny

Dr. Ahmet Morkal

Die Generalstaatsanwaltschaft Russlands versuchte in dieser ganzen Zeit einen Kontakt mit den deutschen Kollegen aufzunehmen, da aus der Bundesrepublik Deutschland über Medien Informationen über eine „absichtliche Vergiftung" von Alexej Nawalny kamen. Das erste entsprechende Ersuchen im Rahmen des Europäischen Übereinkommens über die Rechtshilfe in Strafsachen 1959 wurde an Deutschland am 27. August gerichtet. Es dauerte neun Tage, damit die deutschen Behörden sie an die Staatsanwaltschaft Berlins übergaben, und der Erhalt wurde erst am 11. September bestätigt, also mehr als zwei Woche nach unserem Ersuchen.
Am 14. September richtete die Staatsanwaltschaft Russlands das zweite Ersuchen mit der Bitte, Informationen über die Methoden der Behandlung Alexej Nawalnys sowie den Zugang der Mitarbeiter des Innenministeriums Russlands zur seiner Befragung im Rahmen des Vorprüfungsverfahrens zu gewährleisten. Erst am 25. September, nach zehn Tagen, wurde es von den deutschen Behörden an die Berliner Landesjustiz weitergeleitet.
Am 18. September richtete die Generalstaatsanwaltschaft Russlands Rechtshilfegesuche an entsprechende Organe Schwedens und Frankreichs, in deren Militärlaboren ebenfalls toxikologische Untersuchungen der Proben von Alexej Nawalny durchgeführt wurden.
Am 25. September – das dritte Ersuchen der Generalstaatsanwaltschaft Russlands an die deutschen Kollegen, am 26. September – noch an das deutsche Bundesamt für Justiz seitens des Innenministeriums Russlands mit der Bitte, die Ehegattin des Bloggers, Julia Nawalnaja, und die Begleiterin Nawalnys bei seiner Reise, die russische Staatsbürgerin Maria Pewtschich, die einen ständigen Wohnort in Großbritannien hat, zu befragen. Am 28. September richtete die Generalstaatsanwaltschaft Russlands das vierte Ersuchen an das Bundesamt für Justiz

107 Russian Today vom 10.28.2020

108 Ebd.

109 Russian Today vom 10.28.2020

Was mehr als zwei Monate nach dem ersten Ersuchen als „Antwort“ erhalten wurde, hält keiner Kritik stand – de facto handelt es sich um eine Verweigerung des deutschen Bundesamtes für Justiz des Zusammenwirkens mit den russischen Kollegen mit Hinweis auf die fehlende Zustimmung von Alexej Nawalny.
Ohne Reaktion blieben auch die Noten des Außenministeriums Russlands an die außenpolitischen Dienste der Bundesrepublik Deutschland, Frankreichs und Schwedens mit der Bitte, zusätzlichen Informationen zur Erfüllung der bei Berlin, Paris und Stockholm vorhandenen Verpflichtungen zur Gewährung der Rechtshilfe gemäß Punkt 2 des Artikels VII der Chemiewaffenkonvention bereitzustellen. Ähnliche Appelle wurden an die Führung des technischen Sekretariats der OPCW gerichtet, deren Spezialisten seit 5. September faktisch in eine geheime Operation zum Sammeln der Proben Alexej Nawalnys und ihre Lieferung in zwei von der Organisation zertifizierte Labore einbezogen waren.

Es wurden die Vorschläge der russischen Parlamentarier und Ärzte über die Aufnahme einer gemeinsamen Arbeit mit deutschen Kollegen zur Klärung der Umstände des Vorfalls ignoriert.

Sie können nur eines bedeuten – die Gesundheit des russischen Bloggers ist im Grunde genommen zweitrangig. Vorrangig ist für den Westen, einen weiteren Anlass zur Fortsetzung der antirussischen Aktionen zu finden.

Offensichtlich vergessen Berlin und einige andere europäischen Hauptstädte überhaupt an das Völkerrecht, wenn es um Russland geht, und bevorzugen die Lautsprecher-Diplomatie einem gegenseitig respektvollen Dialog.

Damit entsteht bei jedem externen Beobachter, der von der angewandten Chemie und Fragen der Nichtverbreitung von Chemiewaffen weit weg ist, wohl natürlich der Eindruck, dass die ganze Situation ein dilettantisch inszeniertes Spektakel ist, dessen Hauptsinn ein weiterer Sanktions-Schuss gegen Russland ist, das an seine Positionen der Nichtakzeptanz der aufdrängenden „Regeln“ zum Nachteil seiner nationalen Souveränität, Völkerrecht und einfach gesunden Menschenverstandes festhält.

Fazit Alexej Nawalny’s:
„Beweise wurden keine vorgelegt. Die russische Regierung wies die Vorwürfe zurück“, schreibt dpa. Wenn keine Beweise für die angeblichen „russischen Cyberattacken auf US-Behörden“ vorliegen, dann erstaunt es schon, dass der US-Version, die aus unbelegten Behauptungen besteht, 26 Zeilen gewidmet werden und der russischen Stellungnahme dazu genau sieben Worte. Das ist dem Ernst der Lage nicht angemessen. Die USA haben offiziell Cyberattacken als Kriegsgrund eingestuft. Es handelt sich hier also um einen behaupteten Grund für einen Krieg gegen Russland. Als Verbündeter der USA wäre Deutschland verpflichtet, im Falle eines Angriffs Beistand zu leisten. Man darf sicher sein, dass sich solche „Angriffe“ Russlands aus Sicht der US-Propaganda noch öfter wiederholen werden. Der designierte US-Präsident Joseph Biden bezeichnet die Angelegenheit (...) als einen „Angriff auf unsere Nation“. Solche Attacken haben auch den „Vorteil“, dass man die Herkunft noch weniger zu beweisen braucht als bei den „russischen Angriffen“ gegen die Skripals oder Alexej Nawalny, wo man ebenfalls die Beweise schuldig bleibt. Doch bei diesen „Anschlägen“ verstrickte sich die westliche Seite immer mehr in Widersprüche. Der ganze Ablauf wurde dem Konsumenten der Massenmedien mit einer Vielzahl unlogischer Details präsentiert, welche der Glaubwürdigkeit eher schadeten als nutzten. Da sind behauptete Cyberangriffe doch viel praktischer. Wie soll ein Normalbürger sich darüber eine Meinung bilden oder gar im Internet Details der Beweiskette kritisch beleuchten?

3.3.9. Der Fall von Julian Assange: Wo sind „scheinheilige westlichen Werte (...)“ und warum Amnesty International Deutschland (AID) sich nicht auch um Julian Assange kümmere?

Dr. Ahmet Morkal

"Wenn Lügen Kriege auslösen können, dann kann Aufklärung Kriege beenden!"
- Julian Assange -

"Als Machtzentrum in Europa kommt Deutschland eine zentrale Rolle bei der Aufrechterhaltung der Menschenrechte zu", sagte John Shipton im Gespräch mit Telepolis. Die Verteidigung der Menschenrechte seien schließlich in der Gesetzgebung aller europäischen Staaten verankert: "Es liegt daher im Eigeninteresse Deutschlands und Europas, das Vereinigte Königreich zur Durchsetzung von Julians Menschenrechten anzuhalten", so Shipton. „[110)]

„Was Assange den drohenden Ausschluss vom Verfahren einbrachte: „Ich werde es nicht zulassen, dass die Zeugenaussage eines Folteropfers von diesem Gericht zensiert wird“, rief er in den Gerichtssaal.“

„Die überraschende Aufnahme eines führenden Mitglieds der syrischen Organisation "Weißhelme" in Deutschland Anfang dieser Wochen wirft neue Fragen über die Haltung der Bundesregierung zu der international umstrittenen Organisation auf. Chalid al-Saleh sei am Montag an Bord einer Bundeswehr-Transportmaschine A400M in Deutschland eingetroffen, schreibt das Nachrichtenmagazin Der Spiegel in seiner Onlineausgabe.“[111)und “112)]

In einem Interview mit dem Schweizer Online-Magazin republik.ch stellte der UN-Sonderberichterstatter für das Thema Folter, Nils Melzer, Ende Januar eine beachtliche These zum Fall von Julian Assange auf, den in Großbritannien inhaftierten Gründers der

---

110 https://www.flickr.com/:Der Vater, John Shipton., von Julian Assange, dem in Großbritannien inhaftierten Gründer der Enthüllungsplattform WikiLeaks, hat die Bundesregierung aufgefordert, sich für die Freilassung seines Sohnes einzusetzen.

111 www.spiegel.de vom 07.12.2020:Der Verfassungsschutz wollte einem Anführer der syrischen Hilfsorganisation die Aufnahme in Deutschland verwehren. Jordaniens König und das Auswärtige Amt machten Druck – nach SPIEGEL-Informationen darf Chalid al-Saleh nun einreisen. Die "Weißhelme", die sich offiziell Syria Civil Defense, also Syrische Zivilverteidigung nennen, wurden 2012 mit maßgeblicher Hilfe des britischen Außenministeriums ins Leben gerufen. Ein ehemaliger britischer Armeeoffizier (Weißhelme-Gründer tot) koordinierte die Gründung. Massiv finanziert wurde die Organisation mit Sitz in London und Istanbul von der US-Agentur Usaid, vom deutschen Auswärtigen Amt, Kanada, Dänemark, den Niederlanden, Neuseeland und Japan.

112 https://www.blueprintforfreespeech.net/:"Das Urteil von letzter Woche war eine große Erleichterung für diejenigen von uns, die sich gegen die Strafverfolgung von Julian Assange wenden, aber es hat das Problem nicht gelöst", sagte Mark Davis von Blueprint for Free Speech. Solange die US-Anklage in Kraft bleibe, stelle sie eine existenzielle Bedrohung für den Journalismus generell und die investigative Berichterstattung weltweit im Speziellen dar.

Enthüllungsplattform WikiLeaks. Assange drohe bei einer Auslieferung an die USA ein politisches und unfaires Verfahren, so Melzer, der dafür eine konkrete Zahl anführte."[113) und 114) und 115)]

„Vor unseren Augen kreiert sich ein mörderisches System." Eine konstruierte Vergewaltigung und manipulierte Beweise in Schweden, Druck von Großbritannien, das Verfahren nicht einzustellen, befangene Richter, Inhaftierung, psychologische Folter – und bald die Auslieferung an die USA mit Aussicht auf 175 Jahre Haft, weil er Kriegsverbrechen aufdeckte: Erstmals spricht der UNO-Sonderberichterstatter für Folter, Nils Melzer, über die brisanten Erkenntnisse seiner Untersuchung im Fall von Wikileaks-Gründer Julian Assange."[116)]

„Für alle freiheitlich denkenden Menschen, für diejenigen, die AID vertrauen, durch Spenden finanzieren und von der Notwendigkeit Ihrer Arbeit überzeugt sind, für uns alle ist es wichtig zu wissen, warum AID – im eklatanten Gegensatz zum eigenen Selbstverständnis – ausgerechnet im Fall von Julian Assange ein zutiefst verstörendes lautes Schweigen an den Tag legt. Und Aus welchem Grund bleibt AID im Falle der bestehenden Menschenrechtsverletzungen von Julian Assange untätig, "[117)]

Der Fall Assange steht exemplarisch für sich über dem Recht wähnende Regierungen. Und warum? Sie alle sind in irgendeiner Form an den Kriegsverbrechen der USA beteiligt: Großbritannien, Schweden und Australien.

WikiLeaks hatte vor allem in den ersten Jahren eng mit führenden internationalen Medien zusammengearbeitet, unter anderem mit dem deutschen Nachrichtenmagazin Der Spiegel oder der US-Tageszeitung The New York Times. Theoretisch könnten viele der nun gegen Assange erhobenen Anklagepunkte auch diesen Redaktionen und den dort involvierten Journalisten zur Last gelegt werden.

Es ist schade und heuchlerisch, dass der skandalöse Schauprozess in der deutschen Öffentlichkeit nicht stärker diskutiert wird. Dessen Haftbedingungen bewertete UN-Sonderberichterstatter Nils Melzer als Folter. Was macht die Bundesregierung ?
Es geht nicht nur um einen in jeder Hinsicht isolierten Assange. „Hier geht es um Pressefreiheit, Meinungsfreiheit, Menschenrechte. "[118)]

---

113 www.republik.ch/2020/01/31/nils-melzer-spricht-ueber-wikileaks-gruender-julian-assange

114 Nils Melzer, dem UN-Sonderberichterstatter über Folter, ist es zu verdanken, dass es Julian Assange im vergangenen Winter in die Schlagzeilen der „Leitmedien" schaffte. Seine Vorwürfe wogen schwer und kamen aus berufenem Munde. Man konnte sie nicht so einfach beiseitewischen wie die unzähligen Proteste von Aktivisten: Die Verfolgung von Assange sei eine Form der Folter, der WikiLeaks-Herausgeber Opfer von nichts weniger als einer staatlich organisierten und konzertierten Verschwörung. Trotz dieser alarmierenden und gut belegten Anschuldigungen blieb Assange in Haft. Seit inzwischen eineinhalb Jahren fristet er weitgehend in Isolationshaft im Hochsicherheitsgefängnis Belmarsh sein Dasein – in Erwartung seiner Auslieferung an die gekränkte Supermacht USA, deren Verbrechen er offenlegte. Jetzt hat Melzer einen Offenen Brief an US-Präsident Donald Trump geschrieben. Darin bittet er ihn um die Begnadigung von Julian Assange. **Susanne Hofmann** hat den Offenen Brief für die NachDenkSeiten übersetzt.

115 Shipton bezeichnete diese Haltung nun als "schändlich und skandalös". Die Strafverfolgung seines Sohnes als australischen Staatsbürger durch die USA in Großbritannien setze "die gesamte Bevölkerung des Vereinigten Königreichs und jeden, der sich dort aufhält, dem Risiko aus, ausgeliefert zu werden, wenn er sich kritisch zum Sicherheitsapparat der Vereinigten Staaten geäußert hat."Shipton erinnerte zugleich an den Fall der Managerin des chinesischen Telekommunikationskonzerns Huawei, Meng Wanzhou, die von den USA verfolgt werde, "weil sie in Besitz von Technologie ist, die die Vereinigten Staaten begehren."

116 Ebd.

117 https://aktion.freeassange.eu/

118 Journalistenorganisationen in Deutschland hatten Londoner Urteil kritisiert: "Die Veröffentlichungen von Wikileaks sind vollumfänglich von der Pressefreiheit gedeckt. Ohne Whistleblower wie Julian Assange können Medien

„Julian Assange“[119] befindet sich immer noch - also mittlerweile seit insgesamt fast 17 Monaten - im Londoner Hochsicherheitsgefängnis Belmarsh, dem "britischen Guantanamo", wie manche es nennen, in dem ansonsten nur supergefährliche Mörder sowie Terroristen verwahrt werden. 23 Stunden am Tag befindet er sich in vollständiger Isolation. "Weiße Folter" nennt man das unter Menschenrechtsexperten. Jeden Morgen um 5 Uhr wird er geweckt, mit Handschellen gefesselt, in eine Arrestzelle gesteckt, nackt ausgezogen und einer Röntgenuntersuchung unterzogen. Besuch darf er nur einmal im Monat für 40 Minuten empfangen. Für das Telefonieren steht ihm ebenso bloß ein äußerst beschränktes Zeitkontingent zur Verfügung. Der Kontakt zu seinen Anwälten wird dem Australier fast vollständig verwehrt, er kann sich nicht mit ihnen beraten. Er kann seine Verteidigung nicht ordentlich vorbereiten, und nach einem Jahr in Haft hat er zwar wenigstens endlich einen Computer erhalten, aber ohne Internetzugang. Nicht einmal die Tasten kann er bedienen, weil sie festgeklebt sind, um ihn daran zu hindern, etwas zu schreiben.

Der Kontakt zu seinen Anwälten wird dem Australier fast vollständig verwehrt, er kann sich nicht mit ihnen beraten. Er kann seine Verteidigung nicht ordentlich vorbereiten, und nach einem Jahr in Haft hat er zwar wenigstens endlich einen Computer erhalten, aber ohne Internetzugang. Nicht einmal die Tasten kann er bedienen, weil sie festgeklebt sind, um ihn daran zu hindern, etwas zu schreiben.

Ums Recht oder um Rechtsstaatlichkeit kümmert man sich hier nämlich schon lange nicht mehr. Wenn man glaubt, es gehe hier tatsächlich darum, Assange dem Recht oder der Gerechtigkeit zuzuführen, hat man etwas gründlich missverstanden. Das Recht ist hier offensichtlich nur mehr Fassade zum Zwecke ungenierter, blanker Macht- und Gewaltausübung.

Der Versuch, Julian Assange endgültig zum Schweigen zu bringen, ist eine Drohung an jeden Journalisten. Gelingt dieser Angriff auf die Person Julian Assange weiterhin, gelingt ein verheerender Angriff auf investigativen Journalismus, die Pressefreiheit und die rechtsstaatliche Demokratie.

Seitdem hat sich in Deutschland wie auch in anderen westlichen Medien ein Tuch des Schweigens über den Fall Assange gelegt. Nun ist es nur noch eine Frage der Zeit, bis er auch in den Köpfen der Menschen in Vergessenheit gerät. Doch während der Staatsfeind Nummer eins der USA weiterhin im Hochsicherheitsgefängnis von Belmarsh in Isolationshaft auf Aufmerksamkeit hofft, bekommt ein anderer Dissident gar nicht genug davon.

---

nicht mehr ihrer Kernaufgabe der Kontrolle von Staats- und Wirtschaftsmacht nachkommen, was verheerende Folgen für die Pressefreiheit hätte", sagte die Bundesgeschäftsführerin der Deutschen Journalistinnen- und Journalisten-Union in der ver.di, Monique Hofmann. Der Deutsche Journalisten-Verband (DJV) begrüßte indes die Entscheidung des britischen Gerichtes. "Entscheidend ist zunächst einmal, dass die USA mit ihrem Auslieferungsersuchen eine Bruchlandung erlitten haben", sagte DJV-Sprecher Hendrik Zörner. Julian Assange gehöre in Freiheit und nicht hinter Gitter. "Wichtig ist, dass sich das in der Berufungsverhandlung durchsetzt", so Zörner weiter. Die Organisation Reporter ohne Grenzen sei erleichtert, dass Großbritannien den Wikileaks-Gründer- und Herausgeber Julian Assange aus humanitären Gründen nicht an die USA ausliefert, so Sprecher Christian Mihr: "Es ist aber weiter mehr als besorgniserregend, dass das Gericht nicht anerkennt, dass Assange für seine Beiträge zum Journalismus verfolgt wurde."

119 Julian Assange hat mit seinen Aktivitäten um Wikileaks Meilensteine für den investigativen Journalismus gesetzt und innerhalb kurzer Zeit mehr Informationen von großer öffentlicher Relevanz zugänglich gemacht, als die meisten seines Fachs in einem ganzen Leben. Sein einziger »Fehler« bestand darin, Kriegsverbrechen der »falschen« Großmacht zu publizieren – den USA. Whistleblower, investigative Journalisten, mutige Publizisten, eine freie Presse – sie sind und waren zu allen Zeiten das Rückgrat einer emanzipierten, freien und offenen Gesellschaft. Durch ihre Arbeit erfahren wir von Menschenrechtsverletzungen, Kriegsgräuel und angeblichen Kriegsgründen und von anderen Dingen, die der Öffentlichkeit verborgen bleiben sollen.

Alexei Nawalny. Auch er ist eine Art Staatsfeind der russischen Regierung, und auch er sitzt im Gefängnis. Anstatt der 175 Jahre, die Assange in den USA drohen, wurde Nawalny in Russland allerdings nur zu zweieinhalb Jahren verurteilt. Er soll gegen Bewährungsauflagen einer älteren Anklage wegen Verdachts auf Betrug verstoßen haben. Eine weitaus weniger noble Tat, als US-Kriegsverbrechen an die Öffentlichkeit zu bringen.
Und trotzdem ist Nawalny von den westlichen Regierungen und Medien zu einer Art Heldenfigur gekürt worden, ein Schlagzeilen-Promi, dessen Russlandkritik für die Geopolitik anderer Länder instrumentalisiert wurde.
Diese Frau bringt die Verlogenheit der EU perfekt auf den Punkt. Die irische Linken-Politikerin Clare Daly erklärt den Fall Nawalny wie folgt: "Wir würden überhaupt nicht über ihn diskutieren, wenn er irgendwo anders als in Russland verhaftet worden wäre. Gleichzeitig ist Julian Assange seit fast zehn Jahren eingesperrt, weil er US-Kriegsverbrechen aufgedeckt hat. Seinen Namen dürfen wir nicht mal erwähnen."“[120]

Josep Borrell, der Hohe Vertreter der EU für Außen- und Sicherheitspolitik, sprach von einem Anschlagsversuch auf das Leben von Nawalny und forderte Russland zu einer unabhängigen und transparenten Untersuchung auf. Die Schuldigen müssten zur Rechenschaft gezogen werden. Ähnlich äußerten sich Bundeskanzlerin Merkel und Außenminister Maas in einer gemeinsamen Erklärung: "Angesichts der herausgehobenen Rolle von Herrn Nawalny in der politischen Opposition in Russland sind die dortigen Behörden nun dringlich aufgerufen, diese Tat bis ins letzte aufzuklären - und das in voller Transparenz. Die Verantwortlichen müssen ermittelt und zur Rechenschaft gezogen werden."
Man wird sich aber schon fragen können, warum Nawalny zum Gast der Bundeskanzlerin avancieren kann, während die Bundesregierung Julian Assange im britischen Hochsicherheitsgefängnis langsam zugrunde gehen lässt und keine Hilfe anbietet, seine Auslieferung an die USA zu unterbinden? Das sind die falschen Oppositionellen, denen Hilfe verweigert wird, während den politisch interessanten mit allen Mitteln geholfen wird.

UN-Sonderberichterstatter Nils Melzer sprach von Folter an Julian Assange ("Präzedenzfall für ein repressives Vorgehen gegen investigative Journalisten"). Viele Ärzte und Psychologen haben wiederholt die "andauernde Folter und medizinische Vernachlässigung" kritisiert.[121]

Das Ziel der amerikanischen Regierungsvertreter ist global. Was mit Assange gemacht wird, ist gedacht als eine grelle Warnung der Supermacht an die ganze Welt, an uns alle: Demnächst, so sagt uns sein Beispiel, kann genau dasselbe dir oder mir geschehen, falls wir uns nicht gut benehmen, falls wir etwas verbreiten, was nach Auffassung der USA nicht an die Öffentlichkeit gehört.

---

120 Youtube vom 10.2.2021: Eine irische Linken-Politikerin sorgte dabei für deutliche Worte. Während viele Abgeordnete den Moskau-Besuch verurteilten, ja sogar teilweise Borrells Rücktritt und Sanktionen gegen Russland forderten, attackierte die irische Linken-Politikerin Clare Daly die Doppelmoral im EU-Parlament, was Menschenrechte angeht, und warf ihren Kollegen eine "anhaltende Russland-Feindlichkeit" vor. Deshalb müsse man sich auch nicht wundern, wenn die russische Regierung zunehmend in Frage stellt, ob vernünftige Beziehungen zur EU überhaupt möglich seien. Sie behauptete außerdem, dass man in der EU überhaupt nicht über Nawalny sprechen würde, wenn er in einem anderen Land als Russland verhaftet worden wäre. "Nawalny ist ein bösartiger, einwanderungsfeindlicher Rassist mit vielleicht vier Prozent Unterstützung, der in Millionenstädten ein paar Hundert oder Tausend Menschen zusammenbringt – das ist keine Massenbewegung. Mittlerweile ist Julian Assange seit fast zehn Jahren eingesperrt, weil er US-Kriegsverbrechen aufgedeckt hat. Wir dürfen seinen Namen nicht erwähnen. [...] Wo bleibt [...] der Aufschrei über die Hunderte von Menschen, die vor einer Woche bei einem Protest hier in dieser Stadt verhaftet wurden? Nicht ein einziges Wort – denn hier geht es nicht um Menschenrechte. Es geht um eine geopolitische Agenda gegen Russland, angeheizt durch einen militärisch-industriellen Komplex, der einen Feind braucht, um seine Millionen (Ausgaben) zu rechtfertigen", so Daly.

121 www.gov.usa.com

"Die Botschaft der USA ist folgende: 'Wenn du das tust, was Assange getan hat, dann wirst du nie mehr freikommen, du wirst niemals wieder imstande sein, deinen Mund aufzumachen und zu der Öffentlichkeit zu sprechen.'" [122)]

Aber auch die europäischen Politiker haben beschlossen, über diesen Fall nicht mehr allzu viele Worte zu verlieren und ihn am besten ganz aus dem Gedächtnis zu streichen. Melzer schildert, wie er gegen Mauern rennt, wenn er versucht, die Aufmerksamkeit auf die schweren Menschenrechtsverletzungen im Fall Assange zu lenken. Mitglieder des deutschen Außenamts ziehen sich in ihren Statements mantraartig auf den Standpunkt zurück, es handle sich um eine innere Angelegenheit Großbritanniens und man sehe keinen Grund, an der Rechtsstaatlichkeit des Verfahrens zu zweifeln.

Für die von dem Wikileaks-Macher etwa im Irak aufgedeckten Kriegsverbrechen "sei keiner zur Rechenschaft gezogen worden", monierte „der Investigativ-Journalist Günter Wallraff"“[123)] bei der Veranstaltung. Er befürchtet: "Wenn das Aufdecken von Verbrechen wie ein Verbrechen behandelt wird, werden wir von Verbrechern regiert." Zudem hätten große Medien wie der Guardian, Le Monde, Der Spiegel und die New York Times, "die von ihm profitiert haben", Assange lange im Stich gelassen, als er durch konstruierte Vorwürfe "Unperson" gewesen sei. Wallraff forderte, dass sich Maas und mehr Abgeordnete für den Herausgeber einsetzen müssten, um das geheimdienstlich gesteuerte "Kartell des Verschweigens" zu durchbrechen.

Was uns andernfalls blüht, fasst Edward Snowden in einem prägnanten Statement zusammen:
Wenn das Aufdecken von Verbrechen wie ein Verbrechen behandelt wird, werden wir von Verbrechern regiert.

Kein westliches Land kann Assange „begnadigen“ — denn es geht um ein Exempel der Einschüchterung.

Der Westen hat fertig! Die Demokratie ist tot.

3.3.10. Organisation für das Verbot von chemischen Waffen (OPCW) un ihre Rolle

Dr. Ahmet Morkal

Natürlich sind auch in Russland die Maschinen angelaufen, um eine andere Version in Umlauf zu bringen. Wir können nicht wissen, welche Version die richtige ist, da die OPCW

122 Ebd.

123 Das sind Gesprächsfetzen aus „Collateral Murder“, einem Video-Dokument, das derzeit bei WikiLeaks veröffentlicht ist. Es führt die totale moralische Verwahrlosung des Menschen in der Alltäglichkeit des Krieges vor Augen: Hubschrauberpiloten, möglicherweise privat echte "nice guys", feuern unbarmherzig auf eine Gruppe Menschen in einem Vorort Bagdads, weil sie die Männer für eine Versammlung bewaffneter Widerständler halten. Sie handeln nach der Kriegslogik "Ich töte, weil ihr mich umgebracht hättet, wenn ich euch nicht töte" und kommentieren die Tötung, als ob es sich um ein Spiel oder ein Sportereignis handeln würde.

vage bleibt und als Institution spätestens seit dem von der US-Regierung betriebenen, auch von Deutschland und den anderen europäischen Staaten unterstützten Hinauswurf des OPCW-Generaldirektors Bustani 2002 im Vorfeld des Irak-Kriegs auch nicht mehr unbedingt als neutral betrachtet werden kann (Abwahl ohne Wahlen).
Bustani war den USA nicht willfährig genug, die bekanntlich den Krieg mit den angeblich im Irak vorhandenen Massenvernichtungswaffen rechtfertigten. Bustani wollte Hussein überzeugen, UN-Inspektoren ins Land zu lassen, was der US-Regierung die Möglichkeit genommen hätte, den Krieg wegen der Massenvernichtungsmitteln anzuzetteln. Das war bekanntlich eine glatte Lüge, eine staatlich fabrizierte Fake News, die dann schon im Trump-Stil auch noch vom damaligen Außenminister Powell im UN-Sicherheitsrat ausgebreitet wurde.
Dazu passt, dass die USA, Großbritannien, Frankreich und ihnen nahestehenden Mitgliedsstaaten eine Rede von Bustani zu einem umstrittenen Bericht über einen mutmaßlichen Giftgasangriff in Syrien im UN-Sicherheitsrat verhindert haben ("Die OPCW hat noch die Möglichkeit, sich selbst zu korrigieren"). Symptomatisch war das vielen deutschen Medien keinen Bericht wert.
Im Abkommen heißt es aber auch, dass sich die Vertragsstaaten soweit möglich zunächst bemühen sollten, "durch Austausch von Informationen und durch Konsultationen untereinander jede Angelegenheit zu klären und zu bereinigen, die Zweifel über die Einhaltung dieses Übereinkommens hervorrufen kann". Das verlangt die russische Regierung fortlaufend, während sich die Bundesregierung - wie zu schon die britische Regierung im Skripal-Fall - jede Zusammenarbeit verweigert und auch keine Informationen preisgibt. Mitunter wird argumentiert, dass man die Rechtshilfeersuchen deswegen ablehnt, weil Analysen persönliche Informationen seien, die von Nawalny selbst freigegeben werden müssten, oder dass man dem mutmaßlichen Täter nicht die Nowitschok-Verbindung verraten dürfte, obgleich jener diese für einen Mordanschlag verwendet hat.

Bis zum 3.4.2020 beklagte das russische Außenministerium wieder einmal, bislang nicht einmal Antworten von der Bundesregierung erhalten zu haben. Es sei nur eine Absage des deutschen Außenministeriums gekommen, die russische Botschaft zu unterstützen, einen konsularischen Zugang zu Nawalny zu erhalten. Ebenso beharrlich weigert sich die russische Generalstaatsanwaltschaft eine strafrechtliche Ermittlung einzuleiten, da man keine Beweise für einen Nowitschik-Anschlag habe.
Russland hat das Technische Sekretariat der OPCW Ende letzter Woche dazu aufgefordert, Inspektoren zu schicken, um zusammen mit russischen Experten den Fall zu prüfen. Das ist ein Angebot zur Zusammenarbeit, aber selbstverständlich etwas anderes, als wenn die OPCW im Rahmen einer Klarstellung Inspektoren in ein Mitgliedsland entsendet.
Interessant ist aber, dass Moskau gezielt immer wieder Rechtshilfeersuchen gestellt haben könnte, um selbst ein Ersuchen um Klarstellung gegen Deutschland zu stellen. Medusa weist in diesem Zusammenhang darauf hin, dass die Ständige Vertretung Russlands bei der OPCW am 23. September offiziell nach Artikel IX Absatz 2 des Chemiewaffenabkommens Deutschland aufgefordert hatte, Testergebnisse, Biomaterialien und andere klinische Proben des russischen Bürgers zur Verfügung zu stellen. Weiter heißt es:[124)]

> Nach dem Übereinkommen ist die deutsche Seite verpflichtet, innerhalb von zehn Tagen auf unsere Aufforderung zu antworten. Je nach Inhalt werden wir auf der Grundlage der im Übereinkommen festgelegten Möglichkeiten über die nächsten Schritte entscheiden. Wir rechnen auch damit, dass alle Mitglieder der OPCW, vor allem Deutschland, Frankreich und Schweden, ihren Verpflichtungen zur Rechtshilfe gemäß Artikel VII Absatz 2 der CWC bedingungslos nachkommen.

---

124 Russian Today 20.11.2020

Nicht reagiert hat die OPCW hingegen auf das Ersuchen nach dem Chemiewaffenabkommen Artikel IX Absatz 2 von Moskau, dass Deutschland Testergebnisse, Biomaterialien und andere klinische Proben des russischen Bürgers Nawalnys zur Verfügung stellen soll.

Die Frist dafür ist abgelaufen, die Bundesregierung blockiert, eine Konfrontation darüber bahnt sich an. Russland könnte jetzt damit drohen zu versuchen, eine Klärung zu beantragen. Dazu müssten sich die Betroffenen zunächst austauschen, das weitere Verfahren ist recht kompliziert. Es kann der Exekutivrat zur Klarstellung ersucht werden, danach eine außerordentliche Tagung einberufen werden. Russland könnte aber auch direkt eine Verdachtsinspektion verlangen, was allerdings noch nie vorgekommen ist und einen Affront darstellen würde. Aber es könnte das Mittel der Wahl Russlands sein, die deutsche Regierung, die ebenfalls Kurs auf eine Konfrontation genommen hat, aber sich hinter der EU versteckt, zum Einlenken zu bringen.

Auch Fragen an das Ärzteteam der Charité würden nicht beantwortet. Vorschläge eines Meinungsaustauschs zwischen medizinischen Verbänden würden ausgeschlagen. Anregungen für gemeinsame parlamentarische Ermittlungen würden ebenfalls abgewiesen.

Der Affront erscheine "besonders zynisch" vor dem Hintergrund, dass die deutsche Seite, die diese ganze Kampagne veranlasst habe, drei Rechtshilfeersuchen der Generalstaatsanwaltschaft der Russischen Föderation ignoriere, in denen die Nachweise für die sogenannte "Vergiftung" erbeten wurden.

Regierungssprecher Steffen Seibert hatte auf der Bundespressekonferenz (BPK) am 7. Oktober erklärt, die OPCW habe eine Nowitschok-Vergiftung bestätigt. Allerdings heißt es in dem Bericht wörtlich: "Die untersuchten Substanzen weisen strukturelle Ähnlichkeiten zu den Substanzen in der Nowitschok-Gruppe auf." Da es einen elementaren Unterschied macht, ob etwas als "ähnlich" oder "identisch" eingestuft wird, kam die Frage auf, wieso die Bundesregierung von "definitiv bestätigt" spricht, obwohl der OPCW-Bericht das in dieser Form gar nicht hergibt.

Die OPCW spricht in ihrem öffentlichen Bericht auch nicht von einer Vergiftung, worauf John Helmer mit Bezug auf einen britischen Experten hinweist, sondern nur davon, dass er einer toxischen Chemikalie "ausgesetzt" (exposed) war, die "als Cholinesterasehemmer wirkten". Damit lässt die OPCW offen, ob es eine Vergiftung, also ein Mordanschlag war.

Die AfD-Politiker zeigten sich fassungslos, wie in der hochangespannten Lage Gesprächsangebote von deutscher Seite derart brüsk ignoriert und praktisch abgelehnt werden und entschuldigten sich nach eigenen Angaben bei Herrn Piskarjow:
Wir entschuldigen uns für das Handeln von Bundestagspräsident Dr. Wolfgang Schäuble, dessen Verhalten gegen internationale diplomatische Gepflogenheiten verstößt, indem er einen Brief derart wichtigen Inhalts nicht beantwortet und den Mitgliedern des Deutschen Bundestags vorenthält", erklärten die AfD-Abgeordneten.[125)]

Die letzte, vor vielen Jahrzehnten und ihr Ausgang, ist aus den Köpfen der Politikzwergen der BRD, verschwunden. Trotz dieser Verwüstungen, -zerstörungen, -Folterungen, Vergewaltigungen, Ermordung über 27 Millionen Sowjetbürger, meist Zivilisten, hat dieses Land die Frechheit, gegen Russland zu hetzen.
"Deutschland", sollte uns in Europa endlich in Ruhe lassen, mit dem revanchistischen und paranoiden Russenhass. Zwei Weltkriegen hat dieses Land, initiiert.
Statt Drohungen, Sanktionen und Diffamierung müssen Merkel und Co die Beweise für ihre Behauptungen auf den Tisch legen, wenn sie überhaupt „Beweise" haben.
Vorsicht; Die OPCW ist nach den Ungereimtheiten in Syrien schon extrem angeschlagen. Wenn sie sich dazu hergibt, wie die Weißhelme nur noch eine Seite zu vertreten, dann

125 Im Deutschen Bundestag vom 11.12.2020

verliert die einzige halbwegs neutrale Institution zur Untersuchung von Zwischenfällen mit Chemiewaffen.
In den Chemiewaffen-Vorfällen, die die Welt seit 2013 in Syrien, Salisbury, Sofia und nun mit Nawalny in Russland in Atem halten, gab es einen Zusammenhang, eine Art internationalen Kriminalitätsbrennpunkt mit geheimdienstlichem Hintergrund. Politik, Militär und Geheimdienste des kriegführenden "Wertewestens" zeigten stets nur wenig Interesse an einer wirklichen Aufklärung der Vorfälle und beeilten sich stattdessen, den vermeintlich Schuldigen zu benennen: Russland und Syrien, also Putin und Assad.
Wie manipulativ die OPCW in Sachen Chemiewaffeneinsätzen vorgeht, für die der Westen seine Widersacher verantwortlich macht, zeigt die Untersuchung zu Duma in Syrien. Wir erinnern uns: Dort soll es am 7. April 2018 zu einem Giftgasangriff gekommen sein, der über 40 Menschen tötete. Der Westen machte Damaskus verantwortlich; USA, Frankreich und Großbritannien flogen als "Vergeltung" Luftangriffe. Die OPCW machte nachher ebenfalls das syrische Militär verantwortlich.
Zweifel von OPCW-Whistleblowern, die an der Untersuchung vor Ort beteiligt waren und von einer Inszenierung durch die Rebellen ausgehen, wurden von hochrangigen OPCW-Funktionären unterdrückt, der dazugehörige Bericht aus dem Archiv des Dokumentenregisters der OPCW gelöscht. Laut einem Whistleblower sei der Abschlussbericht so manipuliert worden, "dass Ergebnisse zustande kamen, die dem entsprachen, was sich die USA, Großbritannien und Frankreich von dieser Untersuchung erhofft hatten. Die Beweise allerdings unterstützten diese Ergebnisse aber nicht."
OPCW-Generaldirektor Fernando Arias bezeichnete die Whistleblower als unglaubwürdig und "abtrünnig". Gelten ließ Arias jedoch die "Ergebnisse" des OPCW Team Alpha, das den Vorfall untersuchte und zu dem Schluss kam: Assads Truppen waren es.
Dazu gehörte der britische Inspekteur Stephen Peter Wallis, 2008 bis 2010 im Police National CBRN Centre in Wiltshire, Porton Down tätig, Absolvent der Royal Military Academy Sandhurst und enger Bekannter von Hamish de Bretton-Gordon. Nach Duma kam er 2018 im Londoner Verteidigungsministerium unter, wo auch de Bretton-Gordon Chefberater in Sachen Chemiewaffen ist.
Wallis Mitstreiter im Team Alpha war der Brite Leonard Arthur Philips, der in den Niederlanden und in Wales lebt. Philips traf sich im Rahmen der Untersuchung des Vorfalls mit dem Gründer der Weißhelme, dem korrupten Suizidenten und Ex-Nachrichtendienstler James Le Mesurier, in der Türkei zur "Zeugenfindung". Le Mesurier, das ist bekannt, war der langjährige Freund von de Bretton-Gordon.
Nach meinen Ermittlungen gab Philips zudem OPCW-Interna an Professor Gregory Koblentz weiter, den Direktor des Biodefense Graduate Program an der George Mason University, Fairfax, Virginia, USA. Koblentz stellte den direkten Kontakt zwischen Bellingcat und Phillips her. Der lieferte "vertrauliche" OPCW-Informationen, die das NATO-Propaganda-Outfit zur Irreführung der Öffentlichkeit im Fall Duma benutzte.
Indizien für einen "Internationalen Brennpunkt Chemiewaffen", der weit umfassender und noch unerforscht ist, liegen auf der Hand. Ebenso, dass London darin verstrickt ist. Der Beginn des Brennpunktes im Jahre 2013 fällt zusammen mit der Entlassung des Oberst de Bretton-Gordon ins zivile Leben, damit der sich gemeinsam mit dem Weißhelm-Gründer James Le Mesurier dem syrischen Schlachtfeld widmen kann.
"Proben" zum Fall Nawalny in den Händen der NATO-Labore und der unseriösen, von NATO-Einflussagenten unterwanderten OPCW bedeuten nichts Gutes. Vielmehr dürften sie einen angelsächsischen MI6-Stallgeruch haben. Ganz im Sinne von Pompeos CIA: "Wir lügen, wir betrügen, wir stehlen."

Und immer unterfütterte die NATO-nahe "Rechercheplattform" Bellingcat mit medialen Verbündeten wie dem Spiegel oder der New York Times diese gewünschten Schuldzuweisungen. Die isolierte Betrachtung der Einzelfälle Skripal oder Nawalny und der

Chemiewaffenvorgänge in Syrien führen daher weder zu Hintergründen, weder zum Motiv noch zur Klärung der Täterschaft.

In seiner Erklärung wies das russische Außenministerium darauf hin, dass alle in Russland vorhandenen Chemiewaffen bis zum 27. September 2017 unter der striktesten internationalen Kontrolle vernichtet worden waren. Diese Tatsache war am 11. Oktober desselben Jahres vom Generaldirektor des Technischen Sekretariats der Organisation für das Verbot chemischer Waffen (OPCW) bestätigt worden. [126)]
Die russischen Diplomaten verwiesen ferner darauf, dass die Struktur und das Massenspektrum des im Westen als "Nowitschok" bekannten Nervengifts erstmals im Jahr 1998 in der Datenbank des American National Standards Institute (ANSI) präsentiert worden waren. Die Institution hatte diese Informationen von einem Forschungszentrum des US-Verteidigungsministeriums erhalten. Nach Angaben des russischen Außenministeriums sollen neben den USA mindestens 20 westliche Länder mit der Substanz gearbeitet haben:
Deswegen ist 'Nowitschok' eine rein westliche Marke. Es wird synthetisiert und ist in diesen Ländern in etwa 140 Varianten erhältlich. Wir haben es nicht.
Ferner erinnerte das russische Außenministerium daran, dass in den in Russland analysierten Bioproben von Nawalny keine Nowitschok-Spuren entdeckt worden waren. Um eine Strafsache im Fall des Oppositionellen anzustrengen, müsse es nach Angaben der Behörde eine Bestätigung des verbrecherischen Tatbestands geben:
Damit die entsprechenden Verfahren eingeleitet werden können, sind Befunde von Proben des Patienten notwendig, die seine Vergiftung bestätigen. Die deutsche Seite weigert sich, uns diese zu übergeben. Eine Anzeige wegen eines mutmaßlichen Verbrechens, die der Betroffene selbst oder sein rechtlicher Vertreter erstatten kann, ist dafür unzureichend. Auf ihrer Grundlage wird eine Voruntersuchung durchgeführt.
Das Außenministerium in Moskau teilte mit, dass die russische Staatsanwaltschaft schon vier Rechtshilfeersuchen an die zuständigen Behörden in Deutschland geschickt und bislang keine Antwort darauf bekommen hat. Es sei unter anderem zu klären, wie die angeblich mit Nowitschok kontaminierte Wasserflasche aus Russland nach Deutschland befördert wurde. Es sei außerdem notwendig, Nawalnys Begleiterin Maria Pewtschich zu befragen und die Informationen aufzuklären, wonach eine Bombendrohung am Flughafen Omsk zum Zeitpunkt der Notlandung der Maschine mit Nawalny von einem Server in Deutschland abgeschickt worden war.
Die deutsche Seite muss sich trotz ihrer hartnäckigen Zurückhaltung erklären. Die uns zuvor gegebenen Ausreden werden nicht akzeptiert. Sie überzeugen nicht.
Das russische Außenministerium forderte erneut eine rechtliche und technische Hilfe auf der bilateralen Ebene und auf Ebene der OPCW, um alle Umstände des Falls Nawalny zu klären.
Wir sind sehr daran interessiert, wer hinter dieser von Anfang an inszenierten antirussischen Provokation steckt. Als Antwort erhalten wir eine aggressive Rhetorik und direkte Manipulation von Fakten.
„Nawalny greift jetzt auf das gleiche Modell zurück, das die Ukraine normalerweise bei Verhandlungen mit westlichen Partnern verwendet. Er verkauft wortwörtlich seine Anti-Putin-Position." Früher habe er sie innerhalb des Landes verkauft und nur teilweise exportiert. Pradoxerweise blockiere er damit aber komplett die Wege für seine politische Entwicklung in Russland, meint der Politologe. Wie das?

Alexej Muchin ist Generaldirektor der unabhängigen Moskauer Beratungsfirma „Zentrum der politischen Information", Autor von zahlreichen Analysen zum sozialen und politischen Leben im modernen Russland und langjähriger Forscher – wie er sagt – des „Projektes" Alexej

---

126 **www.mid.ru**/ru/foreign_policy/news/-/asset_publisher/cKNonkJE02Bw/content/id/4377199

Nawalny. Er hat sich nach eigenen Angaben so tief mit diesem Phänomen auseinandergesetzt, dass er es schon leid ist. 2015 veröffentlichte der Politologe ein Buch über den Kreml-Kritiker – „Nawalny. Fazite" –, in dem er seinem Namensvetter bescheinigte, zwar ein Informations-„Player" mit Hang zum politischen Greenmailing zu sein, aber als Politiker keine echten Aussichten zu haben – und sogar gar kein Politiker zu sein. In einem aktuellen Gespräch mit Sputnik analysiert Muchin den „Größenwahn" Nawalnys mit etwas Bedauern.

Muchin erklärt wie folgt: „Trotz unseres ziemlich komplizierten Verhältnisses zur Führung des Landes ist die Zivilgesellschaft dennoch zu einem Konsens gekommen: Wladimir Putin erfüllt die Kriterien für diese Führung und ist dazu noch ein geopolitischer Akteur. Er hat bei den letzten Wahlen 76 Prozent der Stimmen bekommen. Als Mitglied des Expertenrates der Zentralen Wahlkommission sage ich Ihnen: es werden höchstens zehn Prozent der 'Fälschung' verdächtigt. Selbst damit gab es für Putin eine Mehrheit. Wenn Nawalny Putins Kompetenzen leugnet und ihn auf jede erdenkliche Weise beleidigt, beleidigt er damit irgendwie auch den größten Teil der russischen Zivilgesellschaft, die für Putin gestimmt hat. Nawalnys Wohltäter unter den westlichen Politikern, die ihm die Gelegenheit geben, sich so zu äußern, begraben ihn leider als Politiker in Russland. Er ist jetzt eine Figur, die vielleicht bei den politischen Spielen rund um Russland mitmachen wird, aber innerhalb von Russland nur sehr wenige politische Chancen hat.", Alexej Muchin ist Generaldirektor der unabhängigen Moskauer Beratungsfirma „Zentrum der politischen Information",

Und trotzdem wird der 44-jährige Kreml-Kritiker in den deutschen Medien als „der führende Kopf der liberalen Opposition" bzw. „der führende Oppositionspolitiker" umworben. Doch es misslingt ihm dabei irgendwie, sein politisches Kapital über die Zustimmungsrate von wenigen Prozenten auszuweiten. Wieso? Muchin weiß das mit einer Geschichte aus dem Jahre 2013 zu erklären, als Nawalny für das Bürgermeisteramt von Moskau kandidierte. Damals hatte die Partei „Einiges Russland" auf Bitte des Interimsbürgermeisters Sergej Sobjanin die für die Kandidatur notwendigen 110 Unterschriften von kommunalen Abgeordneten gesammelt, damit Nawalny überhaupt registriert wurde. „Nawalny gewann dann 27 Prozent der Stimmen, von denen ein bedeutender Teil einfach gegen Sobjanin und nicht für Nawalny war. Seitdem betrachtet sich Nawalny als Politiker und versucht schon seit sieben Jahren, an verschiedenen Wahlkämpfen teilzunehmen. Doch immer wieder erreichen seine Strukturen ein Minimum, so dass er im russischen Establishment den Spitznamen 'Nawalny zwei Prozent' trägt", sagt Muchin weiter und betont, dass Nawalny nie ein Konzept der Entwicklung „des schönen Russlands der Zukunft" vorgelegt habe, von dem er so gerne redet, sondern lediglich die Macht angreife.

Das unabhängige Meinungsforschungszentrum Lewada hat kürzlich die Russen zu den neuesten Entwicklungen um den Kreml-Kritiker befragt. Im Vergleich zu 2013 ist seine Zustimmungsrate im September 2020 zwar von sechs auf 20 Prozent gestiegen, 50 Prozent der Befragten zeigten sich jedoch misstrauisch – 15 Prozent mehr als 2013. Der Rest hat von ihm entweder nie gehört oder hat sich enthalten. „Er ist kein Oppositioneller als solcher, sondern ein Geschäftsmann aus der Politik", kommentiert Muchin weiter. „Er hat keine politische Position, sondern er formt sie nach Anfrage und verkauft sie. Man muss sich nur genau ansehen, was sein Team die ganze Zeit gemacht hat: Das ist keine Politik, das ist Geld. Fast alle seine Untersuchungen sind Auftragsmaterialien, für die er nachweislich Geld erhalten hat."[127)]

Das bestätigte in mehreren Interviews auch Nawalnys ehemaliger Jurist Vitali Serukanow. Die Beamten dürften mit Nawalnys Hilfe einander jagen, so Serukanow. Nawalny selbst wiederholte allerdings gegenüber dem Youtuber Dud, dass er hauptsächlich von einem russischen Staatsbürger – dem Unternehmer Boris Zimin – unterstützt werde und alle wissen würden, was für eine Summe er von ihm bekommt.

---

127 Das unabhängige Meinungsforschungszentrum Lewada September 2020

„Manchmal sagen die Mitarbeiter des US-Außenministeriums zu mir: Aber das ist doch der Putin! In dem Sinne: Wie können die Russen ihn unterstützen? Und ich sage: Sie sind der Grund, warum er immer noch an der Macht ist. Sie greifen ihn an, und es aktivieren sich die Kräfte, die ihn verteidigen. Ich kann das Gleiche an das deutsche Establishment richten. Ignorieren wäre vielleicht effektiver. Die gleiche Methode wurde von Moskau einst gegen den oppositionellen Oligarchen Boris Beresowski angewendet: Er wurde auf null gesetzt und konnte im Lande gar nichts mehr tun.“, Muchin

Die von Nawalny unterstützten Kandidaten haben im neuen Stadtrat von Nowosibirsk fünf von 50 Sitzen bekommen, in Tomsk dafür sechs von insgesamt 37 Sitzen.“[128)]

3.3.11. CSU-Urgestein Peter Gauweiler in Sputnik Deutschland vom 19.9.2020

Dr. Ahmet Morkal

Wenn die Bundesregierung wirklich der Auffassung ist, dass da schwere Menschenrechtsverstöße von staatlicher Seite am Werke waren, dann wird sie nicht herumkommen, z.B. den gemeinsamen Europäischen Gerichtshof für Menschenrechte im Wege der Staatenbeschwerde anzurufen. „Dann müssen die Beweise auf den Tisch.““[129)] Dann wird die russische Seite jede Gelegenheit haben, sich zu äußern. Die zweite Möglichkeit wäre eine unabhängige gemeinsame Juristenkommission. Letztendlich könnte Russland selber eine Untersuchung durchführen, die natürlich nicht manipuliert sein darf. Der Vorfall muss aufgeklärt werden. Wird ein Drohnenangriff von der Nato durchgeführt und unschuldige Menschen getötet, müssen auch wir dafür einstehen. Damit das aufgeklärt wird.

Die Bundesregierung wortwörtlich:
"Die Offenlegung der erfragten Informationen würde das Staatswohl in besonders hohem Maße beeinträchtigen, weil die Gefahr besteht, dass Einzelheiten bekannt werden, die im Rahmen der Zusammenarbeit mit ausländischen Partnern besonders schutzwürdig sind."[130) und 131)]

Die AfD-Fraktion hat in Vergangenheit bereits zwei ausführliche Anfragen“[132)] im Zusammenhang mit dem Fall Nawalny gestellt. Auch da wurden mehrere Fragen mit dem

---

128 Rtvom 11.10.2019

129 Die Linksfraktion im Deutschen Bundestag hat Fragen an die Bundesregierung zum Umgang mit den russischen Rechtshilfeersuchen im Fall-Nawalny gestellt. Die Antworten wurden größtenteils mit "Interessen des Staatswohls" verweigert. Amira Mohamed Ali, Dr. Dietmar Bartsch und sonstige Abgeordnete der Fraktion nahmen dabei auf die Vorwürfe Moskaus Bezug, Berlin behindere die russischen Ermittlungen und verstoße damit gegen das "Europäische Übereinkommen über die Rechtshilfe in Strafsachen" von 1959. "Damit setzt sich die Bundesregierung einem Verdacht aus. (...) Welche Staatsgeheimnisse Deutschlands gibt es in Bezug auf den Umgang der Bundesregierung mit den Rechtshilfeersuchen Russlands?" Das bisherige Schweigen zu den Rechtshilfeersuchen und die Nichtbeantwortung der Fragen durch die Bundesregierung seien weder rechtstaatlich noch demokratisch.

130 file:///tmp/mozilla_toshiba0/1925703.pdf: Drucksache 19/2570319. Wahlperiode06.01.2021

131 So lautete die Frage 56 der Kleinen Anfrage vom 18. Oktober (Bundestagsdrucksache Nr. 19-23352 vom 14.10.2020). "Der Bundesregierung liegen hierzu keine Erkenntnisse vor" lautet erstaunlicherweise die Antwort der Bundesregierung (Bundestagsdrucksache Nr. 19-24493 vom 19.11.2020).

132 Die AfD-Fraktion richtete mit zwei Kleinen Anfragen insgesamt 86 Fragen zum Fall Nawalny an die

Verweis auf Geheimhaltung abgewiesen. "Das Interesse an Aufklärung tendiert bei dieser Bundesregierung gegen Null", kritisierten damals die Fragesteller.

Ein Oberstabsarzthabe das Sicherheitskabinett der Bundesregierung darüber unterrichtet. "Man habe die Spuren nicht nur im Blut, im Urin und in Hautproben Nawalnys gefunden, sondern auch an einer Flasche, die er (Nawalny) auf der Reise dabeigehabt hatte", sagte er.

Zu den Ermittlungen im Fall Nawalny äußerte sich Sergei Lawrow bei einer Pressekonferenz am Montag in Moskau:
Das ist eine Verhöhnung des gesunden Menschenverstandes. Ich glaube, das ist allen klar. Auch unsere westlichen Kollegen, die uns eine Forderung verweigern, die auf einer verbindlichen internationalen Konvention beruht, verstehen das. Doch der russophobe Eifer ist anscheinend so unaufhaltsam geworden, dass sie sich nicht vom gesunden Menschenverstand leiten lassen. "Natürlich sind wir daran interessiert, die Wahrheit über Alexei Nawalny so schnell wie möglich herauszufinden, doch das Szenario entwickelt sich genau wie im Skripal-Fall, als die Vorwürfe erhoben, aber keine Beweise vorgelegt wurden." [133])

3.3.12. Fazit dieser Ausgabe

Seit 1990er Jahren kann man in den ehemaligen Sowjetstaaten verfolgen, was es bedeutet, wenn der Westen interveniert und Staaten umbaut.

Auch in der DDR wurden es blühende Landschaften versprochen, keine feindliche Übernahme, die es dann aber letztlich war.

Die Kinder der DDR-ehemaligen Bürger werden mit der Illusion sterben, es sei ausschließlich ihrem persönlichen Fleiß zu verdanken

Allerdings scheinen die Weißrussen eine Ahnung zu haben, was passieren könnte, sollte dem Westen mit seinen Institutionen ein Einfallstor geboten werden. Die Proteste flauen nämlich kontinuierlich ab. Ein Aufruf zum Generalstreik vor einigen Monaten hat nicht verfangen. Lukaschenko ist im Amt, die EU erkennt die Wahl nicht an, aber das tut sie bei so vielen Wahlen und Gelegenheiten nicht – es schert kaum noch. Letztlich wird die EU mit Lukaschenko ebenso zusammenarbeiten müssen, wie sie mit dem Präsidenten Venezuelas Maduro zusammenarbeiten muss, den sie ebenfalls nicht anerkennt. Sie sucht inzwischen händeringend nach einer Sprachregelung, wie man aus der Anerkennung des Putschisten Guaidó als venezolanischem Interimspräsidenten wieder herauskommt, ohne vollständig das Gesicht zu verlieren. Mit Tichanowskaja wird es kaum anders laufen.
Wäre Tichanowskaja zehn Jahre früher dran gewesen, hätte sie sich vermutlich größerer Unterstützung erfreuen können. Denn die Vorstellung der Weißrussen, sie könnten durch die Annäherung an den Westen tatsächlich arbeitslos werden und verarmen, war damals noch nicht unmittelbar greifbar. Heute sehen die Weißrussen vor der eigenen Haustür, was passiert, wenn man sich auf den Westen, seine Versprechungen, sein Modell, seine

---

Bundesregierung. Die Antworten der Bundesregierung darauf lassen viel unbeantwortet und offenbaren Inkonsistenzen in der offiziellen deutschen Darstellung und Sichtweise.
133 RT vom 17.11.2019

Rahmenbedingungen und seine Erzählungen über individuellen Fleiß, freie Marktwirtschaft und wachsenden Wohlstand einlässt.
Der wirtschaftliche Niedergang im Nachbarland Ukraine, die den Versprechungen aufgesessen ist, ist unbeschreiblich und verläuft weiterhin nahezu ungebremst. Innerhalb von wenigen Jahren wurde aus einer Ukraine, die zwar nicht reich war, aber ihre Bevölkerung versorgen konnte und soziale Sicherheit bot, mit das ärmste Land Europas. Millionen von ukrainischen Migranten suchen ihr Glück in der EU, vor allem in Polen. Paradoxerweise versorgt ausgerechnet jenes Land die Ukrainer mit gering entlohnter Arbeit, wegen dessen großer Zahl von Arbeitsmigranten die Briten aus der EU ausgetreten sind.
Tichanowskaja und die "freie Marktwirtschaft" – zwei Gescheiterte. Es ist klar, das erste, was die am Finanztropf westlicher Geldgeber hängende Tichanowskaja in Weißrussland mit ganz viel weiblichem Mut durchführen müsste, wären Wirtschaftsreformen. Demokratische Reformen kämen, wenn überhaupt, dann sehr viel später. Die Betriebe würden von ihren westlichen Konkurrenten übernommen, entweder sofort geschlossen oder auf Wettbewerbsfähigkeit getrimmt. Die Arbeitslosigkeit würde steigen, Armut würde zunehmen. Kredite des IWF und die damit einhergehenden Forderungen des Umbaus der Sozialsystem und der Wirtschaft würden dem Land den Rest geben. Der Westen und insbesondere eine Partei wie die CDU hat keine anderen Rezepte als dieses eine, das für das betroffene Land immer den wirtschaftlichen Niedergang bedeutet.
Es ist daher gut, dass Tichanowskaja gescheitert ist. Das soll nicht bedeuten, dass ein bloßes Weiter so von Lukaschenko die beste Lösung wäre. Sie ist lediglich die bessere. Natürlich muss sich etwas ändern in Weißrussland. Dauerregentschaften sind nicht gut. Übrigens auch in Deutschland nicht. Politische Stabilität kippt dann in bleierne Schwere.
Es ist daher gut, dass Tichanowskaja gescheitert ist. Das soll nicht bedeuten, dass ein bloßes Weiter so von Lukaschenko die beste Lösung wäre. Sie ist lediglich die bessere. Natürlich muss sich etwas ändern in Weißrussland. Dauerregentschaften sind nicht gut. Übrigens auch in Deutschland nicht. Politische Stabilität kippt dann in bleierne Schwere.
Aber das sollen die Weißrussen doch selbst in die Hand nehmen, ohne von einer vom Westen finanzierten Marionette angeführt zu werden, die ihre Versprechen von Demokratie und Rechtsstaatlichkeit nie wird halten können. Denn das Umzusetzen von demokratischen Reformen ist ihren westlichen Förderern am wenigsten wichtig. Auch dafür ist die Ukraine ein gutes Beispiel. Tichanowskaja wäre lediglich das Trojanische Pferd, das genau das einschleust, vor dem Lukaschenko seine Landsleute gewarnt hat: der Niedergang des relativen Wohlstandes und der sozialen Sicherheit im Land.
Auf dem CDU-Parteitag wurde anderthalb Tage das Loblied auf das Gesungen, was die CDU "freie Marktwirtschaft" nennt. Das Scheitern des auch von der CDU unterstützten Putsches in Weißrussland zeigt, wie unattraktiv dieses Modell inzwischen ist. Keiner will die CDU-Variante der freien Marktwirtschaft haben. Sie zerstört Volkswirtschaften und auch die EU.
Vermutlich sitzen zahlreiche Delegierte der CDU dem Irrglauben auf, individueller Fleiß nach deutschem Modell reiche aus, um in einem internationalen Wettbewerb zu bestehen. Nein, es braucht eine gute wirtschaftspolitische Steuerung. Wenn diese Steuerung aber immer nur den Eliten eines Landes dient, alle anderen aber hintenanstehen müssen, ist das Modell dauerhaft nicht haltbar. Da helfen dann auch die Millionen Euro an Unterstützung durch die EU nichts, die mit dem absurden Hinweis fließen, man würde sich so nicht in die inneren Angelegenheiten Weißrusslands einmischen. Da hilft dann auch propagandistische Unterstützung durch den deutschen Staatssender Deutsche Welle nichts. Und so handelt es sich bei dem Grußwort von Swetlana Tichanowskaja vermutlich gleichzeitig um ihren Abschiedsgruß anlässlich des eigenen Verschwindens von der politischen Bühne. Sie hat nichts bewirkt. Zum Glück.

Jetzt drehen sich die geopolitischen Interessen nicht mehr nur um eine Gaspipeline, jetzt geht es direkt um einen russischen Machtwechsel. Was bisher nur als Paranoia von russischen Nationalisten und ihren Epigonen in verschiedenen EU-Ländern schien, wird jetzt ganz offen von Politiken in Deutschland und anderen europäischen Ländern ausgesprochen und von führenden Medien beschrieben. Da werden Szenarien von „Opa Putin im Bunker" entworfen, der Angst vor einen Machtwechsel habe. Öfter wird die Verbindung zum Maidan in der Ukraine und zu Belorussland gezogen.
All das ist nur möglich, weil Nawalny als rechte Alternative zu Putin gesehen wird. Es ist schon erstaunlich, dass Nawalny und seine Berater, die aus der nationalistischen Opposition zu Putin kommen, sich so unbefangen in die geopolitischen Interessen verschiedener Machtfraktionen auch außerhalb Russlands einbinden lassen.

Die Konflikte über den Umgang mit Russland innerhalb der EU dürften sich verschärfen, weil die Transatlantiker mit dem Machtantritt von Biden wieder Rückenwind haben. Erstes Opfer der anstehenden Konflikte ist eine innerrussische Opposition, die das autoritäre Putin-Regime nicht durch Nawalny ersetzen will.

Es stellt sich also die Frage, ob die westlichen Meinungsmacher ihr Publikum bewusst täuschen über die wirklichen Verhältnisse oder ob sie vielmehr selbst Opfer ihres eigenen Wunschdenkens geworden sind. Jedenfalls lässt die Berichterstattung nicht nur über die chinesischen Erfolge in der Bewältigung „der Corona-Krise"[134)] erkennen, dass man diese dem eigenen Publikum lieber verschweigt oder gar ganz zu unterbinden versucht, anstatt einzugestehen, dass man sich geirrt hat. Denn statt nur die Wahrheit zu verschweigen, versucht man, sie zu behindern. Über Russland und Weisrussland hat sich der Westen total geirrt.

Lächerlicher, scheinheiliger Aktionismus und Russophobie wie die Grünen/CDU wird an diesen Politik nichts ändern.

Im Klartext: Im Bezug auf Russland und Weißrussland fahren der Westen und Europäische Union nicht auf Sicht, sondern sie fahren gegen die Wand.

---

134 FAZ vom 1.2.2020: Angstherrschaft; „Chinas autoritäre Regierung kämpft nicht nur gegen das Virus. Das gesamte System steht in Frage" und FAZ vom 8.2.2020: Politisches Virus:Wenige Tage später fragt Reinhard Veser in seinem Kommentar: „Wird am Ende das Coronavirus zum Entzündungsherd für das politische System Chinas?

This Magazine/journal, “Neue Sozial Wissenschaftlichen Studien (NSWS)”, - New Social Scientific Studies -, was established by Dr. Ahmet Morkal in 2018 in response to an increasing demand for analyzing, discussion and international economy and international politics.

It's the succession to the Board members of NSWS , which was 2018 with the aim of creating international Network of experienced scientists in Europa from political sciences, economical sciences and trade sciences. As an independent expert group, it addresses current developments in global economy and politics and identifies topics of special strategy concern to the Foundation its partners in Germany, in UK , USA and beyond.

The Board of NSWS provides a forum for debate on global developments in economy, political and social science issues.

Modern democratic societies are pluralistic in terms of different world views of conceptions. Besides this, modern societies also have complete structures both in term of social institutions and organization.

Science is one of the most important factors to achieving a modern democratic society without war, poverty, and exploitation; protecting individual freedom and pluralism of lifeforms as its central values.

Therefore, scientists have a duty to contribute to their society, defending such an open democratic society, and strengthening autonomy of individual justice.
In terms of topics, methods, and in dependency, science must face the questions and problems framed by society, address them properly, and it must be autonomous.

To be able to contribute to a modern democratic society accordingly.
The NSWS is a project of the non-profit organization, in which many scientists and scholars publish regularly a article about economical, political and global issues and analyzing many countries.

Sciences contains evidence and symptoms of a global crisis like war, poverty, hunger and discrimination, migration and freedom.

The NSWS is published four times in a year. This magazine will be published from 1. April 2021 also appear in English too.

Dr. Habil. Ahmet Morkal, Editor – in – Chief, NEWS

FSC
www.fsc.org
MIX
Papier | Fördert
gute Waldnutzung
FSC® C083411

Kolibri 360 GmbH
Ferdinand-Jühlke-Straße 7
99095 Erfurt, Deutschland
produktsicherheit@kolibri360.de